Moskau.
Ausreise, Arbeit und Alltag.

Ein Ratgeber von Claudia Kahlich

Moskau. Ausreise, Arbeit und Alltag.

Ein Ratgeber von Claudia Kahlich

1. Auflage – Moskau, Russland 2001

Umschlaggestaltung: Stefan Kranz
Fotos: Otto Kahlich
Druck und Weiterverarbeitung:
Druckerei Pirrot, Saarbrücken

ISBN 3-00-007196-2

Vorwort

Vom Leben in Moskau haben wohl die Wenigsten konkrete Vorstellungen. So ging es zumindest mir, als ich vor drei Jahren meiner „besseren Hälfte“ berufsbedingt in die russische Hauptstadt folgte. Westliche Presseberichte über Mafia, Kriminalität, Umweltverschmutzung, Armut etc. dämpften die Vorfreude gewaltig. Um viele Eindrücke reicher gebe ich heute g0erne zu, dass Moskau eine lebens- und liebenswerte Stadt ist. Dazu tragen vor allem viel1e kl0eine Alltagserlebnisse bei, die mit dem endlos langen Winter, unfreundlichen Verkäuferinnen und der allgegenwärtigen Plattenbau-Tristesse der Moskauer Vororte versöhnen:

Ein betagter Sibirier in der Apotheke um die Ecke erläuterte mir so überzeugend die Vorzüge russischer Hausmittel gegenüber importiertem Hustensaft, dass ich den Laden ohne Bronchikum aber mit einem Rezept für schwarzen Rettich mit Honig verließ. Nach der Besichtigung eines Moskauer Krankenhauses ließ mich die Verwaltung mit dem Krankenwagen nach Hause bringen – nicht etwa, weil mein Gesundheitszustand es verlangt hätte. Man wollte mir nur an einem heißen Sommertag die Strapaze einer Busfahrt ersparen. Ich habe mehrmals in der Moskwa gebadet, ohne Hautekzeme zu bekommen, und wurde nur einmal in drei Jahren Opfer eines Taschendiebstahls – das aus eigener Unvorsichtigkeit.

Zugegeben: Aller Anfang ist schwer. Auf der Suche nach einer geeigneten Wohnung, einer Sprachschule oder auch nur nach frischer Hefe konnte man so manches Mal in Verzweiflung geraten. Aus dieser Erfahrung ist das vorliegende Buch entstanden. Es beinhaltet – so hoffe ich – viele Informationen, die Expatriats für die Ausreise nach und den Alltag in Moskau nützlich sein können und die nicht in einem Reiseführer zu finden sind. Der Schwerpunkt liegt auf Moskau. Vielleicht ist dennoch die eine oder andere Anregung auch für die wenigen Expatriats interessant, die in die russische Provinz aufbrechen.

Um die Orientierung zu erleichtern, verweisen Farbsymbole auf folgende Themenbereiche:

Tipps für Ausreise und Umzug

Tipps für den Alltag

Russische Kultur

Russland in Zahlen und Fakten

Im heutigen Russland ändert sich vieles sehr schnell. Dies gilt auch für Preise, Wechselkurse, Öffnungszeiten, Adressen und Telefonnummern. Sollten Sie auf Informationen stoßen, die nicht mehr aktuell sind, bin ich für einen entsprechenden Hinweis dankbar. Das gleiche gilt für Verbesserungsvorschläge und neue Ideen. Um Nachsicht bitte ich, wenn sich an irgendeiner Stelle der Fehlerteufel eingeschlichen hat, die Umschrift vom Russischen ins Deutsche nicht der Norm folgt oder die Rechtschreibreform nicht exakt berücksichtigt wurde.

Mein Dank gilt allen Bekannten in Moskau, insbesondere meiner Freundin Silke, für Anregungen und Kritik sowie Herrn Broer vom Institut für Interkulturelles Management in Rheinbreitbach für die tatkräftige Unterstützung. Ohne die Mithilfe von Holger Burr, der mir bei manchem Computerproblem zur Seite stand, wäre dieses Buch sicher nicht gedruckt worden.

Allen Neuankömmlingen wünsche ich ein gutes Einleben in Moskau und

Добро пожаловать!

Moskau, im Februar 2001

Claudia Kahlich
(kahlich@online.ru)

Inhalt

1 Ausreisevorbereitungen

1.1 Visa

Zur Einreise nach Russland muss jeder Ausländer ein gültiges Visum haben.

Bis Sie Ihr Visum letztlich in Händen halten, müssen folgende Stellen eingeschaltet werden:

- die Repräsentanz Ihrer Firma in Russland,
- die Behörde, bei der Ihre Firma in Russland akkreditiert ist (z.B. das Ministerium für Handel, die staatliche Registrierungskammer beim Justizministerium, die Zentralbank, die Handelskammer u.a.m. je nach Unternehmenszweck Ihrer Firma),
- die staatliche Visa-Registrierungsstelle UVIR und
- die Konsularabteilung der Russischen Botschaft in Deutschland.

Der Weg durch die Bürokratien ist ein Fall für Experten. Versuchen Sie daher erst gar nicht, sich selbst um Ihre Visa-Angelegenheiten zu kümmern. Wie reibungslos und schnell Sie Ihr Visum erhalten, hängt ganz entscheidend von der dafür zuständigen Person in der Repräsentanz Ihrer Firma vor Ort ab. Wenn Ihre Firma vor Ort über keine gute Seele verfügt, die Visumsangelegenheiten geduldig und gewissenhaft bearbeitet, können Sie professionelle Hilfe in Anspruch nehmen. Dazu mehr unter 1.1.4.

Für alle, die sich fragen, ob denn so ein einfaches Visum derart kompliziert zu erhalten sein muss, folgt ein kleines 1X1 der Visumskunde.

Es ist zu unterscheiden zwischen:

a) **einmaligem oder einfachem Visum**: berechtigt zur einmaligen Ein- und Ausreise innerhalb des Zeitraums der Gültigkeit
b) **mehrfachem Visum**: berechtigt, beliebig oft innerhalb des Zeitraums der Gültigkeit ein- und auszureisen

1.1.1 Einmaliges Besuchsvisum

Für ein **einmaliges Besuchsvisum** wird die Repräsentanz vor Ort eine Einladung bei der zuständigen Behörde beantragen. Dem Antrag ist die Kopie Ihres Reisepasses beizulegen. Diese Einladung wird an die Konsularabteilung der russischen Botschaft in Deutschland weitergeleitet, die eine Referenznummer erteilt. Sie müssen dem Konsulat einen ausgefüllten Visaantrag, Ihren Reisepass , 2 Passbilder und einen Nachweis über die Bezahlung der Visagebühren übermitteln. Ein persönliches Erscheinen ist nicht notwendig. Die Unterlagen können per Post oder Kurier versandt werden. Die Höhe der Gebühren hängt von der Bearbeitungsdauer ab (Expressbearbeitung: 24 h, beschleunigte Bearbeitung: 3 – 6 Tage, normale Bearbeitungszeit: 10 – 14 Tage). Kosten können bei den russischen Konsulaten in Deutschland erfragt werden (siehe 1.1.3).

1.1.2 Mehrmaliges Jahresvisum/Akkreditierung

Wer dauerhaft in Russland arbeitet, wird im Regelfall akkreditiert werden. Der **Akkreditierungsprozess** läuft in groben Zügen wie folgt ab, wobei es je nach zuständiger Behörde zu Abweichungen kommen kann:

Die Repräsentanz Ihrer Firma vor Ort bittet schriftlich um Ihre Akkreditierung bei der zuständigen Behörde. Es müssen Ihr Lebenslauf und 2 Passbilder (3x4 cm, schwarz/weiß, matt!) beigefügt werden. Der Genehmigungsprozess dauert 30 – 40 Tage. Nachdem die Behörde Ihre Akkreditierung genehmigt hat, beantragt Ihre Firmenvertretung vor Ort eine Einladung (Anlage wiederum: Kopie Ihres Reisepasses) für ein einfaches Einreisevisum. Wenn die Einladung vorliegt, kann das Visum wie oben beschrieben beim Konsulat beantragt und abgeholt werden. Die Gültigkeit des Einreisevisums sollte so lange bemessen sein, dass Sie in dieser Zeit ihr endgültiges Jahresvisum erhalten, ohne nochmals ausreisen und wieder ein neues Einreisevisum beantragen zu müssen.

Das Einreisevisum sichert Ihren ersten Aufenthalt in Russland. Während dieser Zeit wird Ihre Firmenrepräsentanz vor Ort bei der zuständigen Behörde ein **mehrfaches Jahresvisum** und die Registrierung des Wohnortes beantragen. Dafür wird Ihr Reisepass (Original) und Ihr Einreisevisum benötigt. Die Bearbeitungsdauer liegt bei ca. 14 Tagen. Kopieren Sie für diesen Zeitraum ihre Dokumente, um sich ausweisen zu können. Mit Erhalt des Jahresvisum, das in Russland ausgestellt wird, sind Sie akkreditiert. Es berechtigt Sie, nach Belieben ein- und auszureisen bzw. sich frei in Russland zu bewegen.

Komplizierter ist das Prozedere, wenn die Akkreditierung Ihrer Firmenrepräsentanz in Russland im ersten Jahr Ihres Aufenthaltes abläuft. Dann erhalten Sie ein mehrfaches Visum, das nur solange gültig ist wie die Akkreditierung Ihrer Firma. Erst nach Erneuerung der Akkreditierung Ihrer Firma erhalten Sie ein Jahresvisum.

Nachdem das Jahresvisum ausgestellt ist, erhalten Sie von der zuständigen Behörde auf Antrag eine **Dienstkarte** (служебная карточка) – oft auch „gelbe Karte“ genannt. Auf die hohe Bedeutung der Dienstkarte für das tägliche Leben in Russland wird an späterer Stelle eingegangen.

Ein **mehrfaches Jahresvisum für den mitausreisenden Ehepartner** wird erst erteilt, wenn die Akkreditierung des Mitarbeiters vorliegt, denn für den entsprechenden Antrag wird eine Kopie des Visums des akkreditierten Mitarbeiters und seiner Dienstkarte verlangt. Vor diesem Hintergrund ist es sinnvoll, dass der Ehepartner erst dann endgültig ausreist, wenn die Akkreditierung des entsandten Mitarbeiters vorliegt. Auch für den Ehepartner wird eine Dienstkarte ausgestellt. Falls Sie noch nicht verheiratet sind und nun überstürzt zum Standesamt eilen: Akkreditierende Organisationen verlangen bislang keine Kopie der Heiratsurkunde. Daher könnte Ihre Firmenrepräsentanz vor Ort – mit etwas gutem Willen – Ihrem Partner auch ohne Trauschein rein dokumententechnisch (Mehrfachvisum, Dienstkarte) den „Ehe“-Status verpassen. Eine zweite Möglichkeit bestünde darin, für den Partner ein mehrfaches Geschäftsvisum zu beantragen.

Für die **jährliche Erneuerung des Mehrfachvisums** müssen ca. 2 Wochen veranschlagt werden. Streichen Sie den Ablauf Ihres Jahresvisums von Anfang an deutlich im Kalender an, damit alle entsprechenden Anträge rechtzeitig gestellt werden können und Sie nicht in Verlegenheit kommen, das Land Hals über Kopf verlassen zu müssen.

Es kommt vor, dass entsandte Mitarbeiter bei Niederlassungen ausländischer Firmen ohne Akkreditierung auf Jahresvisum-Basis (Geschäftsvisum) dauerhaft beschäftigt werden, obwohl dies nach der Gesetzgebung eigentlich nicht erlaubt ist! Für diese Mitarbeiter entfallen die Vorzüge einer zollfreien Einführung des Umzugsgutes (siehe Kapitel 2 „Umzug“) und eigentlich ist auf dieser Basis auch keine Wohnortregistrierung möglich.

Seit Mitte April 1999 kursieren in den Zeitungen Gerüchte über die Verschärfung der Visabestimmungen für in Russland arbeitende Ausländer. Angeblich soll eine Arbeitsgenehmigung für Expatriats ausländischer Firmenvertretungen eingeführt werden, die nur mit einem einfachen Einreisevisum verbunden ist. Ein Ausreisevisum müßte dann gesondert beantragt werden, wenn man das Land verlassen will. Entsprechende Vorschriften sind jedoch noch nicht in Kraft getreten, und Experten halten es für unwahrscheinlich, dass sich am Status akkreditierter Mitarbeiter bei Repräsentanzen etwas ändern wird. Eine Arbeitserlaubnis benötigen bisher nur Ausländer, die bei russischen Firmen arbeiten (siehe dazu auch Kapitel 15)

1.1.3 Diplomatische Vertretungen Russlands in Deutschland

Visaanträge und aktuelle Informationen über Visagebühren können bei folgenden Stellen angefordert werden:

Generalkonsulat Bonn

Waldstraße 42
53177 Bonn
Tel. (02 28) 31 20 85/6/7, 31 20 74/5
31 25 29 – 32
Fax (02 28) 31 15 63

Botschaft der Russischen Föderation in Berlin
Unter den Linden 63 – 65
10117 Berlin
Tel. (0 30) 229 1110, 229 1129
229 1207
Fax (0 30) 229 9397
Konsularabteilung
Behrenstraße 66
10117 Berlin
Tel. (0 30) 229 1207
Fax (0 30) 229 0035

Generalkonsulat Hamburg
Am Feenteich 20
22085 Hamubrg
Tel. (0 40) 229 5201
Fax (040) 229 7727

Generalkonsulat München
Seidelstraße 8
80335 München
Tel. (0 89) 59 25 03, 59 25 28
Fax (0 89) 550 3828

Generalkonsulat Leipzig
Kickerlingsberg 18
04105 Leipzig
Tel. (03 41) 585 1876, 590 2923
Fax (03 41) 585 2404

Informationen über Öffnungszeiten, Ansprechpartner, Anfahrtswege und vieles mehr finden Sie auf der offiziellen Webseite der Botschaft der Russischen Föderation: www.russische-botschaft.de.

1.1.4 Visa-Agenturen

Zahlreiche Visa-Agenturen haben sich auf die kommerzielle Beschaffung von Visa für Besuchs- und Geschäftsreisen spezialisiert. Sie organisieren eine Einladung über das Außenministerium und leiten diese an ein russisches Konsulat in Deutschland weiter, wo Sie – wie bereits beschrieben – Ihr Visum abholen können. Meistens können Sie über diese Agenturen auch Hotels buchen, Transfers organisieren oder ein Auto mieten. Die Preise variieren nach Gültigkeit des Visums und Bearbeitungsdauer. Ein einfaches Einreisevisum (1 Monat gültig) ist ab 50 $ (+ 20 % MwSt) erhältlich, ein mehrfaches Einreisevisum (1 Jahr gültig) ab 260 $ (+ 20 % MwSt). Hinzu kommen die Visagebühren, die beim Konsulat in Deutschland zu entrichten sind. Wenn Sie ein mehrfaches Visum beantragt und bezahlt haben, prüfen Sie bei Erhalt, ob auch wirklich ein solches erteilt wurde. Das russische Wort «МНОГОКРАТНАЯ» (mehrfach) sollte oben auf Ihrem Visum stehen.

Populäre Agenturen mit Englisch sprechendem Personal sind z. B.:

Andrew's Consulting
Novaja Ploschad 10
103012 Moskau
Tel. +7 095 258 5198
Fax +7 095 258 5199
Info@actravel.com

Demlink Travel
Smolenskaja Uliza 8, office 527
121099 Moskau
Tel. +7 095 248 2674, 248 3737
Fax +7 095 248 1216

Lurit Tour
Novij Arbat 2
Moskau
Tel. +7 095 203 9891
Fax +7 095 795 3938
lurit@online.ru

Visa Concord Co. Ltd.
Marosejka Uliza 17/6
101000 Moskau
Tel. +7 095 232 9600
Fax +7 095 232 3603
common@vconcord.msk.ru

1.2 Flüge

Das Angebot an Flügen nach Moskau ist sehr groß. Alleine **Lufthansa** fliegt Moskau derzeit viermal täglich an. Mehrmals wöchentlich werden Direktflüge von Berlin, Hamburg, Düsseldorf und München angeboten. Von Frankfurt und Hamburg gehen ebenfalls mehrmals pro Woche Direktflüge nach St. Petersburg, Nischnij Nowgorod, Kasan, Samara, Perm und Jekaterinenburg.

Aeroflot fliegt Moskau täglich von Frankfurt, Düsseldorf, Berlin, Hamburg und München an. Die russische Fluggesellschaft **Transaero** fliegt ebenfalls täglich ab Frankfurt sowie zweimal wöchentlich von Berlin und Hannover. Europäische Airlines (z.B. Sabena, KLM, Air France, British Airways) bieten Flüge via Heimatflughafen an. Die Preisunterschiede sind teilweise beträchtlich. Daher lohnt es sich, ein Reisebüro auf die Jagd nach der günstigsten Alternative anzusetzen. Ein Economy-Rückflugticket ist bei Aeroflot derzeit schon ab 450,00 DM zu haben.

Allen Vorurteilen zum Trotz sollten Sie nicht davor zurückschrecken, mit einer russischen Fluggesellschaft zu fliegen. Das Fluggerät auf internationalen Strecken ist gut gewartet und der Service wird stetig verbessert. Transaero und Aeroflot fliegen meistens mit einer Boing 737 oder einem Airbus A 310. Lediglich ab Hamburg setzt Aeroflot eine Tupolew 154 ein. Bei beiden Gesellschaften ist Rauchen während des Fluges auch im neuen Jahrtausend bisher noch erlaubt.

Die Flugzeit von Frankfurt nach Moskau beträgt knappe 3 Stunden. Ankunftsflughafen für internationale Flüge ist der Moskauer Flughafen **Sheremetjewo 2**. Transaero fliegt **Sheremetjewo 1** an. Beide Flughäfen liegen unmittelbar gegenüber.

1.3 Russisch lernen – ja oder nein?

Der Expatriat, der in der Niederlassung einer ausländischen Firma in Russland arbeitet, wird mit Sicherheit von Mitarbeitern umgeben sein, die sehr gut Englisch und/oder Deutsch sprechen, und sich bei Verhandlungen und auf Geschäftsreisen ihres Dolmetscherwissens bedienen. Russische Unternehmen legen zunehmend Wert auf Fremdsprachenkenntnisse ihrer Mitarbeiter und Schulen für westeuropäische Sprachen schießen in Moskau wie Pilze aus dem Boden. Russischkenntnisse ermöglichen jedoch auch im Berufsleben einen viel persönlicheren Zugang zu Mitarbeitern und Geschäftspartnern. Jeder Versuch, in der Landessprache zu kommunizieren, wird honoriert, denn die Russen wissen selbst, wie schwierig ihre Sprache für einen Ausländer zu erlernen ist. Zumindest die wichtigsten Begrüßungs- und Höflichkeitsformeln sollte jeder beherrschen.

Im Alltagsleben kommt man ganz ohne Russischkenntnisse nur schwer weiter, selbst wenn man seinen Wirkungskreis auf Ausländerzirkel, westliche Supermärkte, Restaurants und Klubs beschränkt. Zumindest das kyrillische Alphabet sollte jeder beherrschen, denn Beschriftungen in lateinischen Buchstaben sind in Russland ein Rarität.

Erfahrungsgemäß ist es sinnvoll, bereits vor der endgültigen Ausreise nach Russland über genügend Sprachkenntnisse zu verfügen, um zumindest „überlebensfähig" zu sein. Voraussetzung ist ein gewisser Grundwortschatz, Kenntnis täglicher Redewendungen und der Zahlen sowie die Fähigkeit, einfache Sätze zu bilden. Dieses Wissen läßt sich binnen weniger Monate aneignen. Planen Sie für eine entsprechende Sprachschulung ausreichend Zeit ein. Wichtig ist zudem, dass zwischen Abschluss des Unterrichts und Ausreise nicht zuviel Zeit vergeht.

Damit die Sprachbarriere nicht zur Quelle ständiger Frustration wird, lohnt sich ein Russischkurs in jedem Fall – vor allem für den mitausreisenden Partner, der viele Alltagssituationen ohne Hilfe eines Übersetzers meistern muss. Sollte sich Ihre Personalabteilung zieren, Ihnen und Ihrer Familie einen Sprachkurs zu zahlen, ein kleiner Tipp am Rande: Lassen Sie sich doch einmal errechnen, wie hoch der Anteil der Kosten für eine entsprechende Schulung gemessen an den Gesamtkosten eines Auslandseinsatzes von z. B. 4 Jahren ist. Der Prozentsatz wird minimal ausfallen.

1.3.1 Sprachkurse

In Deutschland angebotene Russischkurse (z.B. an Volkshochschulen) werden leider selten auf Ihre Kommunikationsbedürfnisse abgestimmt sein. Empfehlenswerter ist Privatunterricht, da Sie Zeitrahmen und Inhalt selbst bestimmen können - am besten mit einem russischen Lehrer, der Ihnen neben Grammatik und Wortschatz auch Wissen über die Kultur näher bringen kann. Falls die entsendende Firma keinen Sprachlehrer vermitteln kann, versuchen Sie es mit einer Anzeige oder einem Aushang an der nächsten Universität.

Mehrwöchige **Intensivkurse** in Russisch bietet unter anderen die Firma

Dialog
Gesellschaft für Fortbildung und wirtschaftliche Zusammenarbeit mbH
Westtorgraben 1
90429 Nürnberg
Tel. (09 11) 26 96 00-02

an. Die Länge der Kursdauer kann individuell bestimmt werden. Das Wochenpensum umfasst 40 Stunden. Russische Lehrer vermitteln einen praxisorientierten Wortschatz und die grundlegende Grammatik. Aus eigener Erfahrung bietet ein solcher Kurs eine solide Basis für den Aufbau weiterer Sprachfertigkeiten. „Solide" sind allerdings auch die Preise. Für eine Stunde Einzelunterricht werden immerhin 79,00 DM zzgl. Mehrwertsteuer berechnet. Ein 4-Wochen-Kurs kostet somit 12.640,00 DM plus Mehrwertsteuer. Hinzu kommen Übernachtungskosten (im Hotel ab 87,00 DM, bei Unterbringung in Gastfamilien 415 DM pro Woche).

Das Landesspracheninstitut Nordrhein-Westfalen –Russicum- führt ebenfalls Intensivsprachkurse duch. Angeboten werden vierwöchige Standardkurse auf 3 Niveaus (Anfänger bis Fortgeschrittene) sowie ein- oder zweiwöchige Spezialkurse in Recht, Wirtschaft etc. Russische und deutsche Dozenten unterrichten die Gruppen (max. 10 Teilnehmer) 6 Stunden pro Tag. Besonderer Wert wird auf Praxis- und Alltagsbezug und auf Sprechtraining gelegt. Das verwendete Lehrmaterial wurde selbst erstellt. Die Kurse finden in Bochum statt und können mit Unterkunft und Verpflegung gebucht werden.

Auskünfte, Beratung und Anmeldungen:

Landesspracheninstitut NRW –Russicum-
Postfach 25 04 33
44742 Bochum
Tel. (02 34) 9 13 90
Fax (02 34) 709 41 19
E-mail: lsi@lsi-nrw.de
Homepage: www.lsi-nrw.de

Die Preise für den Standardkurs:	Studenten	1.803,50 DM
	Privatpersonen	3.447,90 DM
	Firmen	3.767,00 DM

Für Interessenten, die bereits in Moskau wohnen, bietet das Russicum einmal jährlich zweiwöchige Halbtagskurse für Anfänger und Fortgeschrittene an, die an der Deutschen Schule Moskau abgehalten werden (siehe Kapitel 8 „Sprachkurse vor Ort“).

1.3.2 Tipps für den Sprachunterricht

Ein gutes Kurzlehrbuch für den Individualunterricht, in dem übersichtlich und systematisch Wortschatz und Grammatik aufbaut sind:

Langenscheidt – 30 Stunden Russisch für Anfänger
ISBN 3-468-28291-5

Für Grammatikübungen (und ohne die kommt man leider nicht aus, wenn man ein für Einheimische verständliches Russisch sprechen will) kann folgendes Buch empfohlen werden:

S. Chawronina/A. Schirotschenskaja
Russisch in Übungen
Verlag Russkij Jazyk, Moskau 1996
ISBN 5-200-02408-0

Lassen Sie sich von der Fülle der Grammatikregeln nicht entmutigen. Auch hier gilt ein russisches Sprichwort: Die Wiederholung ist die Mutter des Erfolges.

Achten Sie darauf, dass Ihr Sprachlehrer

- Ihre Aussprache korrigiert, denn falsch betonte Worte erhalten leicht eine ganz andere Bedeutung oder werden völlig unverständlich;
- Ihnen gezielt das Vokabular vermittelt, dass Sie in der Anfangszeit am dringendsten benötigen (z. B. zum Einkaufen, für Restaurantbesuche, für die Benutzung öffentlicher Verkehrsmittel).

1.4 Schnupperreise

Leider bieten nicht alle entsendenden Firma ihren Mitarbeitern und deren Partnern die Möglichkeit einer Vorabreise an. Dennoch wird dringend geraten, vor der endgültigen Ausreise das Gastland wenigstens für einige Tage zu besuchen, um sich vor unrealistischen Erwartungen im positiven wie im negativen zu schützen.

Nutzen Sie den Kurzaufenthalt, um Kontakte zu Kollegen zu knüpfen, die schon länger vor Ort sind, und Informationen aus erster Hand einzuholen. Sie können die Wohnungs- und Schulsuche starten, sich ein Bild über Versorgungslage und Einkaufsmöglichkeiten machen oder einfach das Gastland aus der Touristenperspektive genießen. Hotelangebote finden Sie im Kapitel 3 „Erste Schritte“.

1.5 Interkulturelle Vorbereitung

Das Angebot an interkulturellen Vorbereitungsseminaren für Russland ist begrenzt. Das

Institut für Auslandsbeziehungen
- Auslandskundliche Seminare –
Postfach 10 24 63
70020 Stuttgart
Tel. (07 11) 22 25 145/172

veranstaltet – derzeit allerdings nur bei genügender Nachfrage - ein empfehlenswertes Seminar „Russland“. Neben der Vermittlung landeskundlicher Informationen wird auch ein interkulturelles Training durchgeführt, das leider zu kurz bemessen ist. Immerhin erhalten Sie einen hilfreichen Einblick in die unterschiedlichen Denk- und Verhaltensweisen sowie eine Menge nützlicher Tips für das Berufs- und Alltagsleben in Russland. Das Seminar sollte gemeinsam mit dem ausreisenden Partner besucht werden. Erkundigen Sie sich frühzeitig vor der Ausreise nach einem Veranstaltungstermin.

Frost & Sullivan bietet ein zweitägiges Seminar „Geschäftsbeziehungen mit Russen“ in englischer Sprache an wechselnden Veranstaltungsorten an. Informationen und Veranstaltungstermine können beim Customer Service in Frankfurt unter der Telefonnummer (0 69) 23 50 58 eingeholt werden. Es sei darauf hingewiesen, dass einige Teilnehmer das Seminar als bedingt hilfreich beurteilt haben. Die Seminarkosten betragen ca. 3.000 DM

1.6 Medizinische Vorsorge

Bei einem längeren Russlandaufenthalt ist ein erweiterter Impfschutz erforderlich. Folgende Impfungen werden empfohlen: Tetanus, Polio, Diphterie, Hepatitis A und B, Typhus.

Bei einem Aufenthalt von mehr als einem Monat zwischen Juli und September in Fernost südlich von Chabarowsk, insbesondere in ländlichen Gebieten, ist unter Umständen auch eine Impfung gegen japanische Encephalitits B (Hirnhautentzündung) empfehlenswert. Sprechen Sie gegebenenfalls mit Ihrem Arzt. Der Impfstoff der japanischen Firma Biken ist in Deutschland nicht zugelassen.

In den Wintermonaten kommt es jedes Jahr zu Grippe-Epidemien. Grippeschutzimpfungen werden auf Wunsch von allen westlichen Kliniken in Moskau und St. Petersburg durchgeführt. Die Adressen finden Sie im Kapitel 9 „Gesundheit“.

Vor Ihrer Ausreise sollten Sie sich medizinisch und zahnmedizinisch untersuchen lassen. Das erspart in der ersten Zeit in der neuen Umgebung den Gang zum Arzt.

Medikamente sind in Apotheken der Großstädte meist, wenn manchmal auch nach längerer Suche, zu finden. Sollten Sie jedoch regelmäßig auf bestimmte Medikamente angewiesen sein, bringen Sie sich einen Vorrat mit nach Russland.

Auch Kontaktlinsen-Pflegemittel sind manchmal schwer zu bekommen. Sie sollten ebenso mitgebracht werden wie eine Ersatzbrille.

Im Frühjahr kommt es durch den raschen Jahreszeitenwechsel zu außergewöhnlich starkem Pollenflug. Im Mai legt sich ein wahrer Teppich von Pappelsamen über Moskau. Auch Menschen, die in Deutschland kaum Beschwerden hatten, leiden unter allergischen Reaktionen. Sorgen Sie rechtzeitig für einen entsprechenden Vorrat an lindernden Medikamenten.

Stellen Sie mit Ihrem Arzt eine Ausreise-Apotheke zusammen, die Medikamente gegen Magen-/Darmbeschwerden und Erkältungskrankheiten, Schmerzmittel, Salbe für die Behandlung von Wunden, Verbrennungen, Hautinfektionen und Pilzerkrankungen sowie Verbandsmaterial enthält. Empfehlenswert ist zudem die Mitnahme von Einwegspritzen und Kanülen.

1.7 Sonstige Ausreisevorbereitungen

Die nachfolgende Liste erhebt keinen Anspruch auf Vollständigkeit, umfasst aber wichtige Punkte, an die man vor der Ausreise denken sollte:

Wohnung:
- Fristgemäße Kündigung
- Strom, Wasser, Telefon, Rundfunk und Fernsehen abmelden
- Schönheitsreparaturen veranlassen

Auto:
- Pkw rechtzeitig verkaufen
- Kfz-Versicherung kündigen bzw. ruhen lassen, um Verlust des Schadenfreiheitsrabattes zu vermeiden
- Automobilclub kündigen
- Internationalen Führerschein beantragen

Versicherungen/Steuern:
- Mit Arbeitgeber die Fortführung von Renten-, Arbeitslosenversicherung und Unfallversicherung klären
- Prüfen, inwieweit Versicherungen im Ausland gelten: evtl. Police auf Auslandsgeltung umstellen (Haftpflichtversicherung!) oder Versicherung kündigen/ruhen lassen
- Krankenkasse über vorübergehende Auslandstätigkeit benachrichtigen
- Bei Privatkrankenversicherung Umwandlung in eine Anwartschaftversicherung beantragen
- Auslandskrankenversicherung abschließen
- Fortführung der Pflegeversicherung beantragen
- Falls Sie eine Wohnung/ein Haus im Heimatland behalten: Umstellen der Hausratversicherung auf unbewohntes Objekt (ausreichende Sicherung gegen Einbruch vom Versicherer bestätigen lassen!)
- Reisegepäckversicherung abschließen
- Eine Beratung über steuerliche Konsequenzen der Auslandstätigkeit durch einen Steuerexperten wird dringend empfohlen

Behörden:
- Polizeiliche Abmeldung beim Einwohnermeldeamt (Kopie der Abmeldung muss bei Anmeldung am deutschen Konsulat im Russland vorgelegt werden)
- Lohn-/Einkommensteuerjahresausgleich durchführen
- Bei bestehender Wehrüberwachung beim zuständigen Kreiswehrersatzamt eine Ausreisegenehmigung beantragen
- Kindergeldanspruch prüfen, falls der Ehepartner mit den Kindern zunächst im Heimatland verbleibt

Banken:
- Vollmachten erteilen
- Daueraufträge prüfen/ändern
- Kapitalertragsteuer-Befreiung beantragen
- Kreditkarte beantragen
- Vereinbarungen über die Abwicklung von Bankgeschäften treffen (Aufbewahrung/Versand von Kontoauszügen, Durchführung von Überweisungsaufträgen, Geldanlagen)

Schule/Kindergarten:
- Abmelden der Kinder
- Möglichst frühzeitig: Anmelden der Kinder an einer Schule in Russland (evtl. während der Schnupperreise erledigen). Kontakt per Internet: Deutsche Schule Moskau: www.aha.ru/~dsmoskau oder www.dsmoskau.da.ru

Sonstiges:
- Umzugsmeldungen an Freunde, Bekannte, Behörden, Banken, Versicherungen und Vereine
- Evtl. Vereinsmitgliedschaften kündigen
- Zeitschriftenabos kündigen
- Postnachsendung an Kontaktadresse im Inland beantragen

Tipps für die Umzugsvorbereitungen finden Sie im nachfolgenden Kapitel „Umzug".
Einkaufstipps (Was sollte man unbedingt mitnehmen?) finden Sie im Kapitel 6 „Einkaufsmöglichkeiten".

2 Umzug

Meist realisiert man erst, wie wichtig eine gute Umzugsvorbereitung ist, wenn die Winterkleidung aus Versehen eingelagert wurde, die Lieblingsspielsachen der Kinder ebenso unauffindbar bleiben wie die Stereoanlage und das Finanzamt Mahnungen selbst nach Moskau schickt. Ein erfolgreiches Ankommen beginnt lange vor der Abreise. Damit Sie sich viel Ärger ersparen, sollten Sie die folgenden Abschnitte aufmerksam lesen.

2.1 Speditionen

Bei der Auswahl einer **Spedition** sollte darauf geachtet werden, dass

- die Firma über Erfahrung in Umzügen nach Russland verfügt,
- dort eine eigene Niederlassung hat,
- der Transport mit eigenen Fahrzeugen und Personal durchgeführt wird,
- gutes Packmaterial verwendet wird (nach Möglichkeit Überseeverpackung), da Lagerzeiten anfallen können,
- der Umzug von der Verpackung über Transport und Zollabfertigung bis zum Aufbau in einer Hand liegt, und nicht über Subunternehmer abgewickelt wird.

Ein kostengünstiges Angebot nutzt im Nachhinein wenig, wenn der Spediteur nicht in der Lage ist, vor Ort eine reibungslose Zollabfertigung durchzuführen und das Umzugsgut wochenlang in einem Zollager stehen bleibt.

Speditionen mit eigener Vertretung in Moskau sind z. B. folgende Firmen:

Froesch GmbH & Co. KG Internationale Möbeltransporte
Rübenacher Straße 60
56072 Koblenz
Tel. (02 61) 2 70 80, Fax (02 61) 27 08 30
Moskau:
Awtosawodskaja Uliza 23
109280 Moskau
Tel. (095) 967 13 62/66, Fax (095) 967 13 65

Klingenberg GmbH
Justus-von-Liebig-Str. 20
53121 Bonn
Tel. (02 28) 66 80 30, Fax (02 28) 6 68 03 30
Moskau:
Leninskij Prospekt 95 A
117313 Moskau
Tel. (095) 936 26 64, 936 27 43, Fax (095) 936 26 16

Interdean AG
Siegdamm 32 – 36
53721 Siegburg
Tel. (0 22 41) 5 99 20, Fax (0 22 41) 59 92 10
Moskau:
Nowtscherjomuschkinskaja Uliza 61
117418 Moskau
Tel. (095) 128 81 01, 128 81 63, 128 81 77, Fax (095) 120 32 51

2.1.1 Transportversicherung

Kaum ein Umzug geht ohne Scherben vonstatten. Es sollte daher beim Spediteur eine durchgehende Transportversicherung von Abbau bis zum Aufbau abgeschlossen werden, die eine Zwischenlagerung im Ausreiseland und Russland einschließt. Die Kosten liegen zwischen 2 und 4 % des Umzugsgutwertes.

Erstellen Sie eine detaillierte Liste des Umzugsgutes (Gegenstand und Wert). Speditionsfirmen stellen geeignete Vordrucke in der Regel zur Verfügung.
Bei gebrauchten Gegenständen zählt der Wiederbeschaffungswert. Der Wert von Kunstgegenständen und Antiquitäten (sofern Sie Urgroßmutters Erbstücke dem trockenen Moskauer Winter aussetzen wollen) sollte von einem Gutachter geschätzt werden, um bei Schäden Streitigkeiten mit der Versicherungsgesellschaft über den Wert vorzubeugen. Auch hier können Speditionsfirmen mit Adressen weiterhelfen.

Es empfiehlt sich, die Liste des Umzugsgutes aufzubewahren, da sie für den Abschluss der Transportversicherung beim Rückumzug nützlich ist.

Die Gefahrengutvorschriften sind ähnlich denen des Flugverkehrs: Benzin, leere und volle Benzinkanister, Streichhölzer, Feuerzeuggas, giftige, ätzende und übelriechende Chemikalien sowie Waffen und Munition dürfen nicht verladen werden.

Erkundigen Sie sich bei Ihrem Spediteur, wie bei Transportschäden zu verfahren ist (Form der Schadensmeldung, einzureichende Belege, Schadenssumme, ab der ein Havariekommissar eingeschaltet werden muss). Für Klimaschäden wird in der Regel nicht gehaftet und eine Zusatzversicherung ist sehr teuer. Falls Ihr Umzug in die russischen Wintermonate fällt, sollten deswegen nur „kälteresistente“ Dinge verladen werden. Wählen Sie widerstandsfähige Weine, Lebensmittel etc.

2.1.2 Einlagerungen

Wird der Haushalt komplett aufgelöst, kommt häufig eine Einlagerung der Gegenstände infrage, von denen man sich nicht endgültig trennen will, die mitzunehmen aber auch nicht lohnen oder geeignet sind. Erkundigen Sie sich bei Ihrem Spediteur, ob dieser Einlagerungen vornimmt oder eine Einlagerungsfirma empfehlen kann. Sehen Sie sich das Lager an: Es sollte trocken, staubfrei und klimatisiert sein, um Klimaschäden und Ungezieferbefall zu vermeiden. Erkundigen Sie sich gegebenenfalls auch nach dem Schutz vor Hochwasser.

Da die Haftungsbedingungen der Lagerhalter meist sehr begrenzt sind, sollte eine Lagerversicherung abgeschlossen werden. Der Möbelspediteur, der die Einlagerung übernimmt, erstellt einen Lagerschein, auf dem Gegenstände und Zustand des Lagergutes festgehalten werden.

Bei einer mehrjährigen Einlagerung werden die Gegenstände am besten mit einer Überseeverpackung geschützt.

2.2 Umzugsvorbereitungen

Während sich der neu entsandte Mitarbeiter sich im Einsatzland, von der Familie ungestört, seinen neuen Aufgaben widmen kann, bleibt die Last und Lust am Aufräumen, Ausrümpeln, Packen und Organisieren in der Regel am nachreisenden Partner hängen. Inmitten nörgelnder Kinder und vom Abschiedsschmerz gepeinigter Verwandten eine undankbare Aufgabe. Vielleicht laden Sie den Nachwuchs während der Umzugstage bei den Großeltern ab – dann sind alle beschäftigt. Damit der Umzug gut zu bewältigen ist, nachfolgend einige Ratschläge:

- Klären Sie mit dem Spediteur, wie viele Tage für das Packen und Laden des Umzugsgutes eingeplant werden müssen.
- Planen Sie genügend Zeit ein für Neuanschaffungen und die Entsorgung der Dinge, von denen Sie sich anlässlich des Umzugs endlich „trennen" wollen. Beachten Sie in diesem Zusammenhang Termine für Sperrmüll, Sondermüll oder die Annahme bei Müllverbrennungsanlagen.
- Denken Sie beim Festlegen des Umzugstermins an die Lieferfristen für Möbel, die neu angeschafft werden müssen, und informieren Sie Ihren Spediteur genau, welche Sendungen ggf. direkt bei ihm angeliefert werden.
- Bitten Sie Ihren Spediteur, die Ausfuhr Ihrer Neuanschaffungen zwecks Mehrwertsteuerrückerstattung zu bestätigen.
- Halten Sie Parkraum für den Möbelwagen frei. Beantragen Sie ggf. eine Erlaubnis zum Parken im Halteverbot bei der Polizei (1 bis 2 Wochen vor dem Umzugstag) oder fragen Sie Ihre Spedition, ob sie diese Aufgabe übernimmt.
- Separieren Sie die Dinge, die Sie im Reisegepäck mitnehmen wollen, rechtzeitig vom restlichen Umzugsgut (z. B. Kleidung, Lieblingsspielsachen der Kinder).
- Reservieren Sie separate/markierte Umzugskartons für die Dinge, die Sie am Ankunftsort möglichst schnell wiederfinden wollen (z.B. Werkzeug, Mehrfachstecker, Verlängerungskabel, Bettdecken und –wäsche, Gebrauchsanweisungen oder persönliche Unterlagen).
- Verwahren Sie Dokumente und Wertgegenstände sicher. Sie sollten im Handgepäck mitgenommen oder bei einer Bank hinterlegt werden.
- Sollten Sie Ihren Haushalt komplett auflösen, kümmern Sie sich rechtzeitig um eine Unterkunft während und nach den Umzugstagen.

Erfahrungsgemäß schätzen es die Möbelpacker nicht, wenn man Ihnen während der Arbeit ständig über die Schulter schaut. Beschränken Sie sich deshalb beim Beobachten nur auf das Verpacken der Gegenstände, die Ihnen sehr am Herzen liegen. Alles können Sie ohnehin nicht im Auge behalten, eine gute Speditionsfirma schickt Ihnen Profis.

2.3 Transportzeiten

Die Transportzeit von Deutschland nach Moskau beträgt ca. 8 Tage. Das Umzugsgut sollte erst dann losgeschickt werden, wenn die Akkreditierung vorliegt, um eine Zwischenlagerung in einem russischen Zollager zu vermeiden. Auf eine ordnungsgemäße und vor allem sichere Aufbewahrung kann man sich nicht verlassen. Eine Vorabsendung von unbegleitetem Fluggepäck empfiehlt sich nicht. Einmal ist die Transportzeit auf der Straße relativ kurz, zum anderen ist die Zollabfertigung bei Ankunft am Moskauer Flughafen wegen chaotischer Zustände im entsprechenden Zollager problematisch.

Die Zollabfertigung des Umzugsgutes erledigt ein guter Spediteur vor Ort binnen weniger Tage.

2.4 Einfuhr und Zollabfertigung

Die Zollbestimmungen in Russland unterliegen ständigen gesetzlichen Veränderungen und sind nicht nur für den Laien oft undurchsichtig. Aus diesem Grund ist es wichtig, einen erfahrenen Spediteur zu beauftragen, der über gute Kontakte zu den lokalen Zollbehörden verfügt.

Wenn eine Akkreditierung vorliegt, kann gebrauchtes Umzugsgut ein Jahr lang zollfrei eingeführt werden bei gleichzeitiger Ausfuhrverpflichtung nach Ablauf der Akkreditierung.

Werden Mitarbeiter ausländischer Firmen nur auf Jahresvisum-Basis in Russland beschäftigt, fallen hohe Einfuhrzölle an. Sie belaufen sich momentan auf 9 USD/kg für die ersten 1.200 kg des Umzugsgutes. Vom Wert des restlichen Umzugsgutes werden 50 % Zoll erhoben. Diplomaten führen zollfrei ein.

Ihr Spediteur in Deutschland bereitet die notwendigen Dokumente für die Zollabfertigung in Russland vor (Packliste des Umzugsgutes in Deutsch und Russisch, Frachtbrief, Carnetier). Der Möbelwagen geht unter Carnetierverschluss nach Moskau, bleibt also von Zollager zu Zollager verschlossen. Das Umzugsgut wird als gebrauchte Haushaltsgegenstände deklariert. Gebraucht heißt in diesem Falle älter als ein halbes Jahr. Für neue Gegenstände wird ein guter Spediteur Werte auf einer Proforma-Rechnung einsetzen, die vor unangenehmen Überraschungen bei der Zollabfertigung schützen. Russlanderfahrene Spediteure wissen, in welchem Bereich sich der anzugebende Zollwert je nach Volumen und Gewicht der Ladung bewegen muss.

Bei der Einfuhr von Spirituosen und Lebensmitteln können hohe Einfuhrzölle anfallen, falls diese im Umzugsgut entdeckt werden. Seien Sie sich darüber im Klaren, dass Sie den entsprechenden Betrag selbst tragen müssen.

Haustiere können ohne Zwischenaufenthalt in einer Quarantänestation ins Land gebracht werden. Ein Amtsveterinär in Deutschland muß allerdings ein internationales Impfzeugnis ausstellen.

Klären Sie mit dem Spediteur, welche Dokumente von Ihnen für die Zollabfertigung zur Verfügung gestellt werden müssen (i. d. R. Kopie von Reisepass, Visum und Akkreditierung sowie eine von einem russischen Notar beglaubigte Vollmacht, dass der Mitarbeiter der Speditionsfirma die Zollabfertigung durchführen kann).

2.5 Exkurs: Rücktransport aus Russland

Wie bereits erwähnt, besteht eine Ausfuhrverpflichtung für nach Russland eingeführtes Umzugsgut. In der Realität wird sich aber kaum ein Zollbeamter bei der Ausfuhr die Mühe machen, genau abzugleichen, welche Gegenstände vor Jahren ein- und jetzt wieder ausgeführt werden. Falls Sie jedoch Kunstwerke und Antiquitäten nach Russland mitnehmen, sollten Sie folgendes beachten:

Um eine problemlose Wiederausfuhr von Kunstwerken und Antiquitäten sicherzustellen, müssen die eingeführten Gegenstände nach Ankunft beim russischen Zoll dokumentiert werden. Das entsprechende Dokument muss mit einem Foto des Gegenstandes versehen und vom Kultusministerium abgestempelt werden. Eine gute Spedition übernimmt diese Aufgabe vor Ort.

Wollen Sie in Russland gekaufte Kunstgegenstände und Antiquitäten ausführen, so muss für diese eine Clearance durchgeführt werden. Fotos der entsprechenden Gegenstände werden der Gutachtenabteilung des Kultusministeriums (für Kunstwerke, die älter als 50 Jahre sind) bzw. der Gutachtenabteilung des Moskauer Komitees für Kultur (für neuere Kunstwerke) vorgelegt, welche die Ausfuhrgenehmigung erteilen können. Schwierig zu erhalten ist eine Ausfuhrgenehmigung für Antiquitäten (insbesondere alte Klaviere), echte Ikonen oder alte Schwerter aus dem Kaukasus. So kann z. B. eine Ikone vom Kultusministerium zwecks kriminalpolizeilicher Überprüfung auf Diebstahl angefordert werden. In jedem Fall sind enorm hohe Ausfuhrzölle zu bezahlen. Der Ausfuhrzoll für neue Kunstgegenstände ist gering. Man sollte beim Bilderkauf darauf achten, dass die Werke vom Maler signiert sind. Für die

Exportverzollung sind folgende Dokumente bereitzustellen: Kopie von Pass und Visum, Kopie der Dienstkarte (служебная карточка), Abmeldebescheinigung und die Vollmacht eines russischen Notars für den Mitarbeiter der Speditionsfirma, dass dieser die Verzollung durchführen kann. Die Exportverzollung nimmt 2 bis 3 Wochen in Anspruch.

In Russland gekaufte Haustiere dürfen nur mit Genehmigung des Russischen Kynologischen Verbandes (Auskunft unter: Tel. 459 09 03, 459 00 03) und mit Veterinärzeugnis ausgeführt werden.

3 „Erste Schritte“

Denken Sie bitte daran, dass Sie Ausländer sind, wenn Sie sich in Russland bewegen. Sie sollten Ihre **Dienstkarte und zumindest eine Kopie von Reisepass und Visum** immer bei sich tragen. Personenkontrollen bei Ausländern mit europäischem Aussehen sind zwar selten, aber gegebenenfalls müssen Sie sich ausweisen können! Die Milizstreife kann Sie sonst zur Feststellung Ihrer Personalien auf die nächste Wache mitnehmen.

3.1 Ankunft in Russland

Die erste Begegnung mit Russland findet für die meisten Einreisenden am internationalen Moskauer Flughafen Sheremetjewo 2 statt. Über das typisch triste Ambiente öffentlicher Gebäude täuschen auch die zahlreichen Reklametafeln nicht hinweg. Lange Schlangen vor der Passkontrolle erwarten Sie. Lassen Sie sich nicht abschrecken – mit ein bisschen Übung werden Sie die Kunst der schnellen Einreise bald perfektionieren. Nachfolgend ein paar Anfängertipps:

- Erste und zeitraubendste Station, nachdem Sie das Flugzeug verlassen haben, ist die **Pass- und Visakontrolle.** Je weiter vorne Sie im Flugzeug sitzen, desto schneller sind Sie draußen und können sich vor einem der Schalter einreihen. Die gesonderten Schalter für Bürger der Russischen Föderation und Diplomaten sind auch in Englisch als solche gekennzeichnet. Es scheint, das Kontrollpersonal arbeitet in einem vorgegebenen Takt. Die Zahl der Wartenden hat jedenfalls keinen Einfluss auf die Arbeitsgeschwindigkeit. Sie müssen einzeln vortreten, und nachdem Pass und Visum ausführlich geprüft worden sind, erhalten Sie Ihren Einreisestempel. Falls Sie bereits über ein Mehrfachvisum verfügen, empfiehlt es sich, eine Kopie des Visums abzugeben. Da das Kontrollpersonal Ihre Personalien dann nicht mehr abschreiben muss, verkürzt sich Ihre Wartezeit.

- Nachdem Sie die Passkontrolle gemeistert haben, kommen Sie an der **Gepäckausgabe** an. Gepäckwagen können gemietet werden. Folgen Sie dem Hinweisschild „тележка“. Die Gebühr von derzeit 50 Rubel (ca. 2 $) muss in Landeswährung bezahlt werden. Gleich neben den Gepäckwagen befindet sich ein Wechselschalter. An der Gepäckausgabe warten immer Gepäckträger, die auch bereitwillig Dollar akzeptieren. Die Gepäckausgabe erfolgt wie üblich auf Rollbändern, wobei das Gepäck nicht unbedingt auf dem Band erscheinen muss, an dem Ihr Flug angeschrieben ist. Allerdings entpuppen sich die vier Bänder bei genauem Hinsehen ohnehin bloß als zwei. Falls Sie lange an der Passkontrolle warten mussten, kann es sein, dass Ihre Koffer nicht mehr kreisen, sondern bereits von Flughafenangestellten irgendwo zwischen den Bändern abgestellt worden sind. Das Wiederfinden ist in aller Regel problemlos.

- Im Bereich der Gepäckausgabe füllen Einreisende an Stehtischen geschäftig Formulare aus. Diesen sollten Sie sich als nächstes anschließen, denn es geht um das **Ausfüllen der Zollerklärung**. Die Formulare sind in verschiedenen Sprachen ausgelegt, eine englische Version ist fast immer dabei, eine deutsche seltener. Falls vorhanden, nehmen Sie sich gleich mehrere Formulare mit, da bei jeder Ein- und Ausreise der gleiche Vordruck ausgefüllt werden muss. Bei manchen Airlines, z. B. Lufthansa, erhalten Sie die Formulare bereits an Bord. Anzugeben ist lediglich ausländisches Bargeld, das eingeführt wird. Die Einfuhr von Rubel ist verboten. Kleinbeträge werden jedoch toleriert und daher am besten gar nicht erst deklariert. Zollfrei dürfen 1 Liter Alkohol und 1.000 Zigaretten eingeführt werden. Die Rückseite des Formulars muss nicht ausgefüllt werden, da sie nur Zoll- und Bankvermerken dient.

- Die nächste Station ist die **Zollkontrolle**. Wer nichts zu deklarieren hat, verlässt den Ankunftsbereich durch einen grün gekennzeichneten Korridor. Grundsätzlich dürfen Devisen in unbegrenzter Höhe eingeführt werden, häufig ändern sich jedoch die gesetzlichen Vorschriften über die Höhe des Betrages, der nicht deklariert werden muss. Außerdem scheinen auch die Zollkontrolleure nicht immer über den letzten Stand informiert zu sein. Daher sollte man sich seine Einfuhrerklärung am Flughafen im roten Korridor abstempeln lassen, wenn man bei der nächsten Ausreise Devisen ausführen möchte. Grundsätzlich dürfen Ausländer keinen höheren Betrag an Valuta ausführen als eingeführt worden ist.

- Die Ankunftshalle ist zumeist von wartenden Menschen und Taxifahrern belagert. Falls Sie keine Abholung arrangiert haben, kämpfen Sie sich zu einem der **offiziellen Taxistände** durch (z.B. Intourist, Rolf, Awtofun, Olga). Diese sind normalerweise 24 Stunden besetzt. Für eine Fahrt ins Zentrum werden 40 – 50 $ berechnet, die Zahlung muß in Rubeln erfolgen. Die Dienste freiberuflicher Taxifahrer, die ankommende Passagiere in- und außerhalb des Flughafens belagern, sollten Sie aus Sicherheitsgründen nicht in Anspruch nehmen. Viele Hotels bieten gegen Bezahlung Transfers von und zum Flughafen an. Die Fahrt vom Flughafen in die Stadtmitte dauert je nach Verkehr 30 – 60 min. Mit **öffentlichen Verkehrsmitteln** ist die Fahrt ins Zentrum umständlich, vor allem wenn man viel Gepäck mitführt. Hinter dem Parkplatz am Flughafenausgang fahren Kleinbusse (АВТОЛАИН) regelmäßig die Metroendstationen „Retschnoij Woksal“ und „Planernaja“ an. Der Fahrpreise beträgt derzeit 10 Rubel. Die Weiterfahrt von diesen Stationen ins Zentrum dauert ca. 30 min.

3.2 Hotelangebot

Das Hotelangebot hat sich in den letzten Jahren zumindest in Moskau stark vergrößert. Hotels der Luxus- und gehobenen Klasse entsprechen internationalen Standards. Allerdings gibt es immer noch wenig gute Mittelklasse-Hotels. Preisgünstige Unterkünfte findet man in den ungemütlichen Plattenbau-Hotels aus der Sowjetzeit. Die Zimmer entsprechen nicht unbedingt westlichem Komfortdenken, Service und Sicherheitsvorkehrungen lassen oft zu wünschen übrig, und das Personal spricht meist keine Fremdsprachen. Zur Plage kann zudem die Belästigung durch Prostituierte werden. Die Damen betreten Hotelzimmer auch schon mal ohne Einladung, und nächtlicher Telefonterror ist keine Seltenheit. Schließen Sie daher auf jeden Fall immer Ihre Zimmertür ab, halten Sie Ihre Wertsachen im Hotelsafe unter Verschluss und hängen Sie ggf. das Telefon aus, wenn Sie Ruhe haben wollen.

Nachfolgende einige Preisbeispiele zur Orientierung:

Luxusklasse	Adresse	Preise	Anmerkungen
Aerostar 415 Zimmer	Leningradskij Prospekt 37/9 125 167 Moskau Tel. +7 095 213 9000 Fax +7 095 213 9001	EZ: ab 225 $ DZ: ab 265 $ Incl. Frühstück **Appartements:** 1 Schlafzimmer ab 500$/Tag 2 Schlafzimmer ab 600$/Tag Incl. Frühstück	10 min. Fahrt zum Zentrum, 20 min zum Flughafen Alle Appartements bestehen aus Wohn-, Schlafzimmer und voll eingerichteter Küche Rabatte möglich
Baltschug Kempinski 234 Zimmer	Uliza Balchug 1 113035 Moskau Tel. +7 095 230 6500 Fax +7 095 230 6502	237 – 345 $ pro Person Frühstück 28 $	Zentrumslage, Kremlblick
Holiday Inn Vinogradova 154 Zimmer	Dmitroskoje Shossee 171 127204 Moskau Tel. +7 095 937 0670 Fax +7 095 937 0671	EZ: 235 $ DZ: 275 $ Incl. Frühstück	ca. 30 min zu Zentrum und Flughafen, freier Shuttle-Service
National 292 Zimmer	Mokhovaja Uliza 14/1 103009 Moskau Tel +7 095 258 7000 Fax+7 095 258 7100	EZ: ab 255 $ DZ: ab 295 $ Frühstück 25 $	Zentrumslage, Kremlblick
Rennaissance Hotel (Penta) 471 Zimmer	Olimpiiskij Prospekt 18/1 129110 Moskau Tel. +7 095 931 9053 Fax +7 095 931 9076	246 $ pro Person Frühstück 21 $	10 min zum Zentrum
Sheraton Palace 200 Zimmer	Tverskaja Yamskaja 19 125047 Moskau Tel. +7 095 931 9700 Fax +7 095 931 9704	345 $ pro Person Frühstück 15-20 $	zentrumsnah

Gehobenene Klasse	Adresse	Preise	Anmerkungen
Art Sport Hotel 96 Zimmer	Peschanaja Uliza 2 Moskau Tell. +7 095 955 2300 Fax +7 095 955 2310	EZ: 225 $ DZ. 265 $ Incl. Frühstück	Ca. 20 min zu Zentrum und Flughafen Deutsches Management
Meshdunarodnaja Interhotel 547 Zimmer	Krasnopresnenskaja Nab.12 123610 Moskau Tel. +7 095 258 2103 Fax +7 095 258 1647	EZ: 105 – 155 $ DZ: 120 – 170 $ Incl. Frühstück	zentrumsnah 4 km vom Kreml
Marco Polo Presnja 68 Zimmer	Spiridonjewskij Per. 9 103104 Moskau Tel. +7 095 244 3631 Fax +7 095 926 5402/4	EZ: 210 $ DZ: 235 § Incl. Frühstück	Zentrumslage
President	Bolshaja Jakimanka 24 103134 Moskau Tel. +7 095 239 38 00 Fax +7 095 230 2318	EZ: 192 $ DZ: 230 $ Incl. Frühstück	10 min. zum Zentrum
Volga 16 Zimmer 230 **Apartments**	Dokuchaev Per. 2 107078 Moskau Tel. +7 095 207 3943 Fax +7 095 232 3240	EZ: ab 100 $ DZ: ab 135 $ **Appartements:** 1 Zi: 108 $/Tag 2 Zi: 120 $/Tag 3 Zi: 150 $/Tag 4 Zi: 200 $/Tag	10 min. zum Zentrum Alle Appartements verfügen über TV, voll eingerichtete Küche Waschmaschine, Trockner

Mittelklasse	Adresse	Preise	Anmerkungen
Intourist 450 Zimmer	Tverskaja Uliza 3/5 103009 Moskau Tel. +7 095 956 8426 Fax +7 095 956 8446	EZ: 100 $ DZ: 115 $ Incl. Frühstück	Zentrumslage (von Prostituierten belagert)
Mir 237 Zimmer	Bolshoj Devyatinskij Per. 9 121099 Moskau Tel. +7 095 290 9504 Fax +7 095 252 0104	EZ: 76 $ DZ: 152 $ Incl. Frühstück	1997 renoviert Zentrumslage
Pallada 24 Zimmer	Ostrobitjanoba Uliza 14 117321 Moskau Tel. +7 095 336 0545 Fax +7 095 336 0557	EZ: 72 $ DZ: 95 $ Incl. Frühstück	1993 erbaut im Südwesten der Stadt nähe Leninskij Prospekt 30 min. zum Zentrum ***Appartements verfügbar***
Rossija Ca. 3000! Zimmer	Barbarka Uliza 6 103495 Moskau Tel. +7 095 232 5000 Fax +7 095 232 6262	EZ: 50 $ DZ: 60 $ Frühstück: 5 $	Tolle Lage direkt am Roten Platz, aber einfach zu groß, renovierte Zimmer ok, Service mittelmäßig
Ukraina 1003 Zimmer	Kutusowskij Prospekt 2/1 121249 Moskau Tel. +7 095 243 3030 Fax +7 095 243 2896	EZ: 70 $ DZ: 80 $ Incl. Frühstück	Zuckerbäckerbau aus der Stalinzeit, 5 min vom Zentrum, nur renovierte Zimmer sind ok.

Ganz billig	Adresse	Preise	Anmerkungen
Ismailowa	Ismailowskoje Shossee 71 105630 Moskau Tel. +7 095 792 9911 Fax +7 095 792 9912	EZ: 40 $ DZ: 48 $ Incl. Frühstück	Osten der Stadt Ca. 40 min. zum Zentrum riesiger Hotelkomplex
Molodjoshnij	Dmitrovskoje Shossee 27/1 Moskau Tel. +7 095 977 3155 Fax +7 095 956 1078	EZ: 32 $ DZ: 30 $ Frühstück: 5 $	Ca. 20 min. zum Zentrum
Uzkoe	Litowskij Boulevard 3 A 117593 Moskau Tel. +7 095 427 3611 Fax +7 095 427 5600	EZ: 22 $ DZ: 28 $ Incl. Frühstück	Südwesten der Stadt Ca. 40 min. zum Zentrum
Sport	Leninskij Prospekt 90/2 117415 Moskau Tel. +7 095 131 3515 Fax +7 095 737 6700	EZ: ab 10 $ DZ: ab 15 $ Incl. Frühstück	Südwesten der Stadt ca. 30 min. zum Zentrum

Viele Hotels haben Firmentarife und geben Rabatte bei längerfristiger Belegung. Fragen Sie bei der Buchung nach.

Bei den meisten Hotels kann man eine Abholung vom Flughafen vorbestellen. Die Fahrt kostet je nach Autotyp 25 bis 40 $ einfach, Abholung mit Minibus ab 50 $. Ferner können Autos mit Fahrer gemietet werden. Die Preise liegen je nach Autotyp zwischen 7 bis 16 $ pro Stunde, ab 12 Stunden werden Rabatte gewährt.

3.3 Visa-Registrierung

Bei Ankunft in Moskau muss Ihr Einreisevisum binnen 3 Tagen bei der staatlichen Visa-Registrierungsstelle registriert werden. Wenn Sie zunächst in einem Hotel absteigen, wird in aller Regel die Hotelverwaltung Ihr Visum registrieren lassen. Falls nicht, muss die Firma oder Organisation die Registrierung übernehmen, von der Sie Ihre Einladung erhalten haben. Haben Sie Ihr Visum über eine Visa-Agentur bekommen, nimmt auch diese Agentur die Registrierung vor, und zwar normalerweise unentgeltlich.

Falls Sie gleiche eine Wohnung beziehen, muss Ihre Firmenrepräsentanz vor Ort die Wohnortregistrierung vornehmen.

3.4 Anmeldung bei der Deutschen Botschaft

Als deutscher Staatsbürger sollten Sie sich möglichst bald nach der endgültigen Einreise bei der Deutschen Botschaft anmelden. Zuständig ist die Konsularabteilung, die in den Gebäuden der ehemaligen DDR-Botschaft untergebracht ist:

Botschaft der Bundesrepublik Deutschland
Rechts- und Konsularreferat
Leninskij Prospekt 95 A
117313 Moskau

Tel. +7 095 933 4311, 933 4312

Diese Anmeldung ist nicht verpflichtend, wird von der Botschaft aber allen Staatsbürgern empfohlen, die sich länger als drei Monate in der Russischen Föderation aufhalten werden. Im Krisenfall kann die Botschaft nur mit Ihnen Kontakt aufnehmen, wenn Sie auf der „Deutschenliste" erscheinen, Ihnen z. B. Verhaltenstipps geben oder Sie über Evakuierungsmaßnahmen informieren.

Falls Sie Ihren Wohnsitz in Deutschland abgemeldet haben, können Sie bei dieser Gelegenheit Ihren Auslandswohnsitz im Reisepass eintragen lassen. Dazu müssen Sie Ihre **Abmeldebestätigung** aus Deutschland vorlegen (Kopie genügt). Nur mit entsprechendem Eintrag können sie zukünftig Einkäufe „tax-free" aus Deutschland ausführen.

3.5 Orientierungshilfen

In der Anfangszeit helfen Ihnen Nachbarn und Kollegen bestimmt gerne bei der Suche nach Einkaufs- und Freizeitmöglichkeiten. Da sich das Angebot jedoch permanent ändert, lohnt es sich immer, ausgetretene Pfade zu verlassen und ihre neue Heimat auf eigene Faust zu erkunden. Professionelle Relocation-Firmen inserieren bisher nicht in den einschlägigen Expatriat-Zeitungen. Doch bietet z. B. die amerikanische Firma **Patriarshy Dom Tours**, die vorwiegend Besichtigungsprogramme organisiert, speziell für Neuankömmlinge ein „Orientation Relocation Services Program" an. Behandelte Themenbereiche sind z. B. Transport, Einkäufe, Gesundheit, Sicherheit u.a.m. Das Programm wird jeweils nach Ihren Wünschen zusammengestellt und in englischer Sprache durchgeführt. Sie erhalten eine Mappe mit aktuellem Informationsmaterial, pro Stunde werden 12 $ berechnet.

Patriarshy Dom Tours
Tel./Fax (095) 795 0927
E-mail: alanskaya@co.ru

Eine gute Anlaufstelle für Frauen ist der **International Women's Club of Moscow**. Er bietet monatlich einen kostenlosen „Newcomers' Coffee" an, auf dem Neuankömmlinge begrüßt und über die Aktivitäten des Clubs informiert werden. Die Gäste erhalten eine

Informationsmappe mit Adressen von Geschäften, Restaurants, Fitnessclubs etc., die als erste Orientierung sehr gut geeignet ist.

Termine können Sie der „*Moscow Times*“ (Community Bulletin Board, letzte Seite der Donnerstagsausgabe) entnehmen oder telefonisch erfragen:

International Women's Club of Moscow
Olaf Palme Uliza 5, Korpus 2, 1. Stock, Raum 2
Tel./Fax: (095) 147 2240
Öffnungszeiten: Montag 14.00 – 16.00 h und Mittwoch 10.00 – 12.00 h

Veranstaltungs- und Einkaufstipps gibt die englische Brochüre „*Where*“. Sie erscheint monatlich in Moskau und St. Petersburg und liegt kostenlos in vielen Hotels und Wohnkomplexen aus. Telefonische Auskunft in Moskau unter (095) 129 0777 und in St. Petersburg unter (812) 118 7537 oder 553 0033.

Ein detailliertes Branchenverzeichnis finden Sie im „*Moscow Business Telephone Guide*“ (englisch/russisch), der zehnmal pro Jahr in aktueller Fassung erscheint. Kostenlose Exemplare liegen in den großen internationalen Hotels und westlichen Wohnkomplexen aus, sind aber meist schnell vergriffen. Man kann den Guide auch in den Supermärkten der Kette „Sedmoij Kontinent“ kaufen (Adressen siehe Kapitel 6 „Einkaufsmöglichkeiten“) oder telefonisch unter 956 9419 bestellen.

In „*Travellers Yellow Pages*“ sind Hunderte von Adressen nach Branchen sortiert und viele nützliche Informationen gesammelt. Eine Druckausgabe existiert für Moskau und St, Petersburg, eine Internet-Ausgabe für Novgorod. Die Bücher können zumindest in der russischen Version „ЛУЧШЕ В МОСКВЕ“ in den russischen Buchhandlungen Moskaus und St. Petersburgs gekauft werden (Telefonische Auskunft in Moskau unter (095) 229 7914 und in St. Petersburg unter (812) 315 6412). Alle Informationen sind auch im Internet abrufbar: www.infoservices.ru

In der Freitagsausgabe von „*Moscow Times*“, „*Moscow Tribune*“ und „*St. Petersburg Times*“ erscheint ein aktueller Veranstaltungskalender und Tips zu Restaurants, Kneipen und Clubs. In deutscher Sprache finden Sie diese Informationen in der einmal monatlich erscheinenden „*Moskauer Deutschen Zeitung*“ (siehe auch Kapitel 10 „Medien und Kommunikation“).

4 Unterwegs in Moskau

Von ausländischen Presseberichten über Kriminalität, Mafia und Prostitution in Moskau sollte man sich nicht verunsichern lassen. Die Stadt ist nicht gefährlicher als andere Metropolen. Ausländer können sich völlig frei bewegen und das Risiko, in eine Schießerei rivalisierender Mafiabanden verwickelt oder auf offener Straße ausgeraubt zu werden, ist sehr gering. Natürlich sind die Unterschiede zwischen Arm und Reich enorm, und zum Alltagsbild gehören Bettler und Obdachlose ebenso wie schicke Menschen in Designerkleidung und westliche Luxuslimousinen. Armutskriminalität kommt vor, aber wenn man auf seine Wertgegenstände, insbesondere an den typischen Touristen-Plätzen, ein wachsames Auge hat, wird man kaum Opfer eines Taschendiebstahls werden.

Gefährlich lebt man als **Fußgänger** in allen russischen Großstädten, denn es gilt das Gesetz des Stärkeren. Erwarten Sie nicht, daß Autos an einem Zebrastreifen anhalten. Auch beim Überqueren der Straße an einer Fußgängerampel ist Vorsicht geboten. Oft dürfen gleichzeitig auch Fahrzeuge abbiegen, und die werden in den seltensten Fällen auf Fußgänger Rücksicht nehmen. Die Umschaltphasen sind generell sehr kurz, so dass eine zügige Gangart angebracht ist.

An die großen Entfernungen, die in Moskau zurückzulegen sind, muss man sich erst gewöhnen. Ganz gleich, ob man ins Büro, zu Freunden oder zum Einkaufen will, Fahrzeiten von 30 bis 60 Minuten sind keine Seltenheit. Ein gut ausgebautes Netz an öffentlichen Verkehrsmitteln ermöglicht jedoch ein schnelles und zuverlässiges Fortkommen.

An Kiosken, die Druckerzeugnisse verkaufen (ПЕЧАТЬ) und an speziellen Ständen in Unterführungen kann man **Stadtpläne** kaufen. Empfehlenswert ist der Plan „МОСКВА 2000", der das ganze Stadtgebiet bis zum äußeren Autobahnring umfaßt.

Ganz wichtig: Damit die Reise nicht umsonst ist, stellen Sie sicher, dass Sie alle Zielkoordinaten wissen, wenn Sie jemanden besuchen wollen: Straße, Hausnummer, Nummer des Hauseingangs (*Podjesd)*, Türcode und Wohnungsnummer!

4.1 Metro

Das schnellste Transportmittel ist die **Metro,** die täglich von mehr 8 Mio Menschen benutzt wird. Neun radial verlaufende Linien kreuzen sich und sind zusätzlich über eine Ringlinie verbunden (siehe Metroplan im Anhang). Das Gesamtnetz umfaßt über 200 km mit fast 150 Stationen. Die Züge fahren von 5.30 h bis 1.00 h nachts. In Stoßzeiten verkehren sie im 30-Sekunden-Takt, und in den späten Abendstunden muss man maximal 5 – 10 Minuten auf den nächsten Zug warten. Das große Gedränge im Berufsverkehrs ist nichts für schwache Nerven. Aber zu allen anderen Zeiten und am Wochenende sind deutlich weniger Menschen unterwegs. Die Moskauer Metro ist nicht nur praktisch sondern auch prachtvoll. Insbesondere die pompösen Ringstationen aus den 30er Jahren sind echte Sehenswürdigkeiten und lohnen einen Besuch.

Die Orientierungshilfen für unbedarfte Ausländer sind eher dürftig. Hinweisschilder findet man nur in kyrillischer Schrift, und obwohl jede Linie eine eigene Farbe hat, sind entsprechende Farbsymbole dünn gesät. Aber mit ein bisschen Übung werden Sie sich schnell im Metronetz zurechtfinden. Am besten kauft man sich zuerst einen **Metroplan** im Taschenformat. Diesen sucht man an den Metrokassen vergebens, aber in den Unterführungen stehen immer Leute, die Pläne für ein paar Rubel verkaufen. Große Übersichtspläne hängen im Eingangsbereich der Stationen und in jedem Waggon aus.

Der Zugang zu Metrostationen ist mit einem großen „M“ versehen und Ein- und Ausgänge wie folgt gekennzeichnet:

ВХОД	Eingang
НЕТ ВХОДА	Kein Eingang
ВЫХОД	Ausgang
НЕТ ВЫХОДА	Kein Ausgang

Fahrkarten erhalten Sie an den Kassen (КАССА) im Eingangsbereich der Stationen. Die Tarife hängen an den Kassen aus. Neben Einzelfahrscheinen kann man Karten mit 2, 5 oder 10 Fahrten kaufen. Eine Einzelfahrt kostet 5 Rubel, ab 5 Fahrten 4 Rubel (Stand Juli 2000). Darüber hinaus können Sie auch Wochen-. Monats und Jahresfahrkarten erwerben, die nur für die Metro oder für alle Verkehrsmittel gelten.

Und so sieht ein Fahrschein aus:

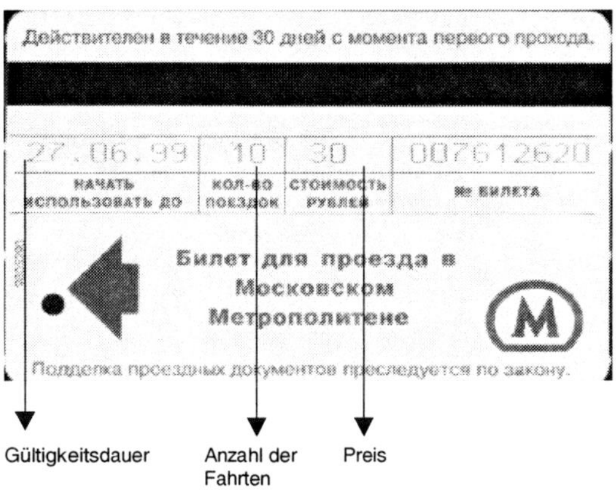

Bei Mehrfahrtenkarten ist zu beachten, dass diese unabhängig vom aufgedruckten Gültigkeitsdatum 30 Tage nach der ersten Fahrt verfallen.

Der Zugang zu den Gleisen erfolgt durch Schleusen. Die Fahrscheine müssen in Pfeilrichtung in einen entsprechend gekennzeichneten Schlitz eingeführt werden. Die Karte wird auf der Rückseite abgestempelt und springt wieder heraus (Mitnehmen nicht vergessen!). Gleichzeitig schaltet ein Licht von Rot auf Grün und die Schleuse kann passiert werden. Sollte das Licht nicht umspringen, wird der Zugang durch Metallgitter gesperrt, die ziemlich schmerzhaft gegen die Schienbeine schlagen. **Kinder bis 6 Jahre** brauchen keinen Fahrschein. Sie und alle, die sonst noch aus irgendeinem Grund kostenlos fahren dürfen, benutzen einen freien Durchgang an einer Seite der Schleusen, der von einer Aufpasserin in Uniform kontrolliert wird.

Rolltreppen von erstaunlicher Länge bringen Sie mit flotter Geschwindigkeit in die Tiefe. Regel Nr. 1: Rechts stehen, links gehen. Aufpasser am Fuße jeder Treppe sorgen per Lautsprecher für regelgerechtes Verhalten.

Nachfolgend ein paar Beispiele für Hinweisschilder als Orientierungshilfe:

- für die Suche nach dem richtigen Gleis:

К ПОЕЗДАМ ДО СТАНЦИИ ◄──────────► ………………… │ ………………… ………………… │ ………………… **ПУТЬ 1** │ **ПУТЬ**	Zu den Zügen nach den Stationen Auflistung der Stationsnamen Gleis 1 / Gleis 2

- beim Umsteigen muss die Station gewechselt werden:

ПЕРЕХОД НА СТАНЦИЮ «…………» ──────────►	Übergang zur Station „………"

- für die Suche nach dem Ausgang:

1.1.1. ВЫХО ──**ДВ**──►	Ausgang zur Stadt

Wenn die Station mehrere Ausgänge hat, sind auf den Schildern markante Straßennamen oder andere Orientierungshilfen (Museen, Theater, Geschäfte o.ä.) angegeben. Es ist ratsam, auf diese Hinweise zu achten, da die einzelnen Ausgänge oft sehr weit auseinander liegen.

Sitzplätze sind in erster Linie für Behinderte, ältere Menschen und Frauen mit Kindern gedacht. In vollen Zügen wird auf das Höflichkeitsgebot geachtet, Angehörigen dieser Personengruppen seinen Sitz anzubieten. Als Frau hoffen Sie vergeblich darauf, dass ein Mann Ihnen seinen Platz überlässt. Das passiert allenfalls mal am 8. März, dem Frauentag, oder wenn Sie sichtbar krank oder schwanger sind.

Ansonsten tun Sie es den Moskowitern gleich und nehmen Sie für längere Strecken ein Buch oder eine Zeitschrift mit. Metrowaggons sind fahrende Lesesäle.

4.2 Busse und Straßenbahnen

Moskau verfügt über ein dichtes Bus-, Trolleybus- (Oberleitungsbusse) und Straßenbahnnetz. Nicht alle Bushaltestellen sind an einem Wartehäuschen erkennbar. Zuweilen hängt auch nur an einem Laternenpfahl oder einer Hauswand drei Meter über der Erde folgendes Haltestellenschild für

Autobus:	Trolleybus:	Straßenbahn:
Автобус	Троллеибус	Трамваи
A	**Tb**	**T**

Auf dem Schild wird auch die Liniennummer des entsprechenden Verkehrsmittels und der Name der Haltestelle angegeben. Nur mit geübtem Auge kann man die Taktzeiten entziffern.

Aber das ist auch nicht so wichtig, da die Busse zu normalen Tageszeiten sehr häufig verkehren. Vergeblich sucht man zumeist einen Routenplan. An manchen Haltestellen hängt für jede Linie eine Liste mit allen Stationen aus. Die Haltestelle, an der Sie sich befinden, ist mit einem schwarzen Punkt gekennzeichnet. An den Fenstern der Busse und Straßenbahnen sind gut sichtbare Schilder mit den wichtigsten Haltestellen der Linie angebracht. Im Zweifelsfall fragen Sie einfach einen der Wartenden nach dem richtigen Bus.

Fahrscheine (ТАЛОНЧИКИ) in beliebiger Menge, die für alle diese Verkehrsmittel gelten, erhält man entweder direkt beim Fahrer für derzeit 4 Rubel oder an speziellen Ständen im Eingangsbereich von Metrostationen für 3 Rubel. Halten Sie Ausschau nach Frauen, die an Klapptischen solche Tickets verkaufen:

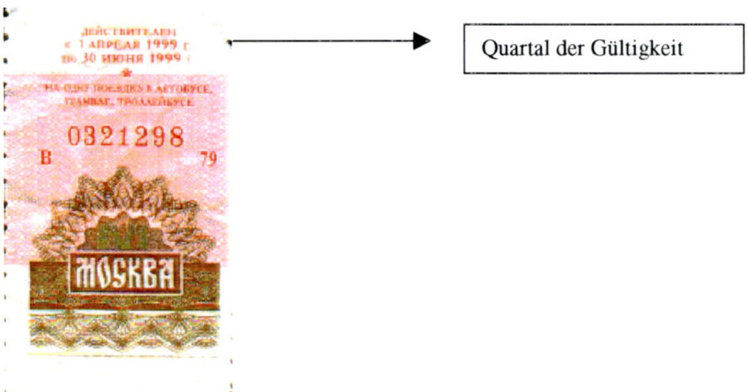

Ganz selten findet man Verkaufsstellen an den Bushaltestellen. Fahrscheine sind immer nur für ein Quartal gültig.

Nach Fahrtantritt müssen die Fahrscheine entwertet werden. Fahrkartenlocher (КОМПОСТЕР) findet man zwischen den Fenstern und in Türnähe. Es gibt verschiedene Modelle, die aber alle nach demselben mechanischen Prinzip funktionieren: Der Schein wird in einen Schlitz eingelegt und auf Knopfdruck oder durch Betätigung eines Hebels durchlöchert. Ist es sehr voll im Bus, reicht man sein Ticket zum Lochen einfach an den Nachbarn weiter. Auf diese Weise wird auch Geld für den Kauf eines Fahrscheins bis zum Fahrer durchgereicht. Zuweilen steigen Kontrolleure zu, die Ihnen einen Dienstausweis unter die Nase halten und Ihren Fahrauweis sehen wollen. Sie kennen das gerade gültige Lochmuster und lassen sich vom „Ich bin Tourist und verstehe nichts"-Trick nicht beeindrucken. Schwarzfahrer zahlen die bescheidene Strafe von 10 Rubeln. Gegebenenfalls sollten Sie das Bußgeld passend zur Hand haben.

Busse und Straßenbahnen halten an allen Haltestellen, ohne dass ein Signalknopf gedrückt werden muß.

4.3 Routen-Taxis

Eine bequeme Alternative zu Bussen sind die Routen-Taxis (МАРШРУТНЫИ ТАХИ), z. B. der Firma АВТОЛАИН, die vielen Buslinien nachfahren. Als Orientierungshilfe tragen sie meist die Nummer der entsprechenden Buslinie oder haben einen Routenplan am Fenster. Der Fahrpreis von 4 - 7 Rubeln (Stand Juli 2000) ist direkt beim Fahrer zu entrichten. Routentaxis halten nur auf Fahrgastwunsch oder an Haltestellen, an denen neue Kunden warten. Wenn Sie aussteigen wollen, müssen Sie dem Fahrer also rechtzeitig Bescheid sagen. Wenn Sie an einer Haltestelle warten, signalisieren Sie einem herannahenden

Routen-Taxi durch Winken mit ausgestrecktem Arm und Handfläche nach unten ihre Mitfahrbereitschaft.

4.4 Taxis

Mehr oder weniger gepflegte Männer - vorzugsweise im Trainingsanzug - warten in ihren Privattaxis mit oder ohne entsprechende Aufschrift „ТАКСИ" zu jeder Tages- und Nachtzeit vor Theatern, Kinos, Restaurants, an Metrostationen und sonstigen belebten Plätzen auf potentielle Kunden. Hinter dem rauhem Aussehen verbirgt sich oft ein netter Charakter. Suchen Sie sich ein Fahrzeug und einen Fahrer aus, die einen vertrauenerweckenden Eindruck machen. Taxameter sind – falls vorhanden – selten in Betrieb, so dass der Fahrpreis zumeist Verhandlungssache ist. Spätestens wenn Sie das Fahrziel nennen, wird der Fahrer Sie als Ausländer identifizieren und Ihnen nicht seinen besten Tarif nennen. Handeln lohnt sich, und mit der Zeit entwickelt man einen Instinkt für das Preisgefüge. Taxifahren ist seit der Finanzkrise recht günstig geworden. Für eine Fahrt von ca. 20 km vom Zentrum in die Außenbezirke zahlt man je nach Verhandlungsgeschick umgerechnet nicht mehr als 3 bis 5 $, zum Flughafen umgerechnet 20 bis 30 $. Die Fahrer geben gerne ihre Telefonnummer weiter, und falls Sie mit dem Fahrdienst zufrieden waren, können Sie auf diese Weise für die Zukunft Ihren privaten Taxiservice organisieren.

Rund um die Uhr kann man zuverlässige, sichere und preisgünstige Taxis bei der **Taxizentrale** auch im Voraus bestellen: **Rufnummer: 927 00 00.** Zu Ihrer eigenen Sicherheit werden Sie meistens gebeten, das Kennzeichen des Autos telefonisch rückzumelden, sobald das Taxi angekommen ist.

Einen 24-h-Stunden-Service bietet auch **Moscow Taxi: Tel. 238 10 01.**

Taxifahrer empfinden den Griff zum Sicherheitsgurt zuweilen als mangelndes Vertrauen in ihre Fahrkünste. Sie sollten sich des rasanten Verkehrstempos wegen trotzdem anschnallen, ihr Chauffeur wird's verkraften. Darüber hinaus besteht in Russland Gurtpflicht, bei Verletzung droht eine Geldstrafe.

4.5 Per Anhalter

Unzählige Moskowiter (und viele mutige Expatriats) fahren per Anhalter von A nach B, und ebenso viele Autofahrer verdienen sich auf diese Weise ein kleines Zubrot. Um ein Auto anzuhalten, tritt man von der Bordsteinkarte auf die Straße und winkt mit ausgestrecktem Arm und Handfläche nach unten. Der deutsche „Tramper-Daumen" wird mißverstanden und Pfeifen kann als Beleidigung empfunden werden. Sicherheitsbewusste Leute raten natürlich von dieser Transportmethode ab. Falls Sie sich dennoch per Anhalter fortbewegen möchten, folgende Hinweise zur eigenen Sicherheit:

- Steigen Sie nie in ein Auto, in dem schon ein weiterer „Fahrgast" sitzt.
- Falls der Fahrer auf Sie einen unseriösen Eindruck macht, winken Sie ihn einfach weiter.
- Handeln Sie auch bei Privatautos den Fahrpreis immer vor Fahrtbeginn aus. Meistens wird man Sie fragen, was Sie zahlen wollen. Falls Sie sich nicht einigen können, machen Sie nach einem deutlichen *Njet* einfach wieder die Tür zu.
- Setzen Sie sich auf den Rücksitz der Beifahrerseite.
- Wenn Sie den Eindruck haben, der Fahrer fährt den falschen Weg, steigen Sie an der nächsten Ampel aus.
- Steigen Sie nicht direkt vor Ihrer Haustür aus, so dass der Fahrer nicht erfährt, wo Sie wohnen.

4.6 Mit dem Auto

Das russische Sprichwort „Wer langsam fährt, kommt weiter" scheint im Straßenverkehr bedeutungslos. In Moskau, wo sich im Gegensatz zu ländlichen Gebieten zumindest die Hauptstraßen eines guten Belages erfreuen und Schlaglöcher (fast) der Vergangenheit angehören, halten sich die wenigsten Autofahrer an die Geschwindigkeitsbegrenzungen. Diese betragen in Ortschaften 60 km/h, außerhalb 90 km/h und auf Autobahnen 110 km/h. Besonders die Besitzer PS-starker Westlimousinen rasen mit Vorliebe im Autobahntempo über die breiten Prachtstraßen. Dabei wird rechts oder links überholt, wo die Lücke am größten ist. Im Prinzip gelten westeuropäische Verkehrsregeln, die jedoch großzügig ausgelegt werden, vor allem wenn kein Verkehrspolizist in Sichtweite ist. Gewöhnungsbedürftig sind die Regeln fürs Abbiegen und die Ampelschaltungen. An den meisten Kreuzungen bezeichnen weiße Pfeile auf blauem Grund eine vorgegebene Spur zum Abbiegen. Dabei ist sehr oft ein Linksabbiegen nicht möglich und die nächste Möglichkeit zum Abbiegen oder Wenden einige Kilometer entfernt. Umwege sind vorprogrammiert und die schnellste Möglichkeit von A nach B zu kommen eine Sache der Erfahrung. Zu Anfang übersieht man leicht an vielen Ampeln den separaten grünen Pfeil für Abbieger. Vorsicht ist geboten. Ebenso sollte man auf Fußgänger achten, die durchaus zur gleichen Zeit eine Grünphase haben können.

Falls Ihr Mercedes oder Lada Sie unterwegs im Stich lässt, kann folgender Pannen- und Abschleppdienst empfohlen werden:

Angel NSA, Tel. 747 00 22, 747 00 20

4.6.1 Führerschein und Fahrzeugpapiere

Als Ausländer darf man (offiziell) 6 Monate mit einem internationalen Führerschein in Russland fahren. Viele Expatriats sind dennoch jahrelang mit dem internationalen Führerschein unterwegs. Das liegt wahrscheinlich daran, dass das Erlangen einer russischen Fahrerlaubnis auf offiziellem Weg recht umständlich ist. Dennoch sollte man versuchen, eine russische Fahrerlaubnis zu erwerben. Seit Anfang 2000 scheinen die Moskauer Verkehrspolizisten besser informiert, und es häufen sich Fälle, dass bei Kontrollen das Fahren ohne russischen Führerschein beanstandet und hohe „Strafen" zu zahlen sind.

Bei der für Ausländer zuständigen Stelle der Moskauer Verkehrspolizei (GIBDD – 6. Radialnaja Uliza 18, Metro „Tsaritsino") müssen folgende Dokumente eingereicht werden: Kopie des internationalen und nationalen Führerscheins (mit beglaubigter Übersetzung), eine ärztliche Bescheinigung über die gesundheitliche Unbedenklichkeit, Kopie von Reisepass und Visum sowie 2 Passfotos, Einzahlungsquittung über die Bearbeitungsgebühr. Wenn Sie dies alles zusammen haben, endlich in der richtigen Schlange gestanden und ihre Unterlagen eingereicht haben, muss eine Fahrprüfung abgelegt werden:

Gilt der internationale Führerschein noch, ist nur eine theoretische Prüfung zu machen. Dabei müssen am Computer in einer vorgegebenen Zeit von 20 Fragen über die Straßenverkehrsordnung 18 richtig beantwortet werden. Die Prüfung kann beliebig oft wiederholt werden. Milde Prüfer stellen für Ausländer stattdessen zuweilen auch ein Brett mit aufgezeichneten Straßen und Spielzeugautos auf, um die Kenntnisse über Vorfahrt und ordnungsgemäßes Abbiegen zu testen. Gilt der internationale Führerschein nicht mehr, so muss auch eine praktische Fahrprüfung abgelegt werden. Aus dem eigenen Bekanntenkreis haben es immerhin drei Leute geschafft, auf diese Weise ganz offiziell zu einem russischen Führerschein gekommen ist. Allerdings sprechen alle die Sprache perfekt und haben sich recht lange mit Büchern (in Buchhandlungen erhältlich) und Computersimulationen (auf dem CD-Markt erhältlich, siehe Kapitel 6 „Einkaufsmöglichkeiten") auf die Prüfung vorbereitet. Der weniger gewissenhafte Expatriat ohne Sprachkenntnisse, dafür mit Prüfungsangst, sollte sich eine vertrauensvolle Person mit Beziehungen zum GIBDD suchen. Vielleicht gibt es in Ihrer Firma oder im Bekanntenkreis jemanden, der für Sie einen Führerschein organisieren kann, ohne dass Sie die Fahrprüfung wirklich bestehen müssen. Die „Gebühr“ fällt dann natürlich erheblich höher aus (Erfahrungswerte liegen um die 100 USD). Einige lassen ihren Führerschein auch von Fahrschulen „beschaffen“. Die Preise betragen bis zu einigen Hundert Dollar ohne Garantie für die Echtheit der Papiere.

Neben dem Führerschein sollten Sie immer den Registrierungsschein (СВИДЕТЕЛЬСТВО О РЕГИСТРАЦИИ) des Autos mit sich tragen und eine Vollmacht, falls der Fahrzeughalter nicht mitfährt bzw. das Fahrzeug auf Ihre Firma zugelassen ist.

4.6.2 Verkehrskontrollen

An fast jeder Straßenecke Moskaus ahndet ein Verkehrspolizist Verstöße gegen die Verkehrsordnung. Gerade in der Anfangszeit wird es Ihnen häufig passieren, dass Sie falsch abgebogen, eine durchgezogene Linie überfahren oder gewendet haben, wo man es nicht darf. Als unwissender Ausländer identifiziert, kommt man sehr oft mit einer Verwarnung davon. Versuchen Sie nicht, gerade bei einem Verkehrspolizisten Ihre Russischkenntnisse unter Beweis zu stellen. Meist ist die „Nix verstehen“-Masche zusammen mit einer zerknirschten Miene hilfreicher. Bei einem Vergehen kann der Polizist den Führerschein des Verkehrssünders einziehen. Er erstellt ein Protokoll und händigt einen Einzahlungsbeleg aus, mit dem man auf einer *Sberbank* die Höhe der Strafe einzahlt. Mit der Quittung erhält man bei der zuständigen Dienststelle des GIBDD seinen Führerschein zurück. Da diese Praxis für den Verkehrspolizisten mit Arbeit und für den Fahrer mit Aufwand verbunden ist, lässt sich die Sache meist an Ort und Stelle regeln. Entgegen der landläufigen Meinung ist nicht jeder Polizist korrupt. Tragen Sie Ihr Anliegen daher möglichst diplomatisch vor.

Die beste Vorbeugung gegen Unannehmlichkeiten ist das Einhalten der Verkehrsregeln. Vor allem die 0,0 Promille-Grenze sollte man beachten, da drakonische Strafen drohen. Unvollständige Fahrzeugpapiere berechtigen den Polizisten, das Fahrzeug sofort stillzulegen. Bevor Sie also neben Ihrem Führerschein auch noch Ihr Vehikel in Moskau wiederfinden müssen, halten Sie die Papiere zusammen. Beliebt sind außerdem Geschwindigkeitskontrollen, weshalb sich Radarwarner ebenfalls großer Beliebtheit erfreuen. Beanstandet wird zuweilen auch der Reifenzustand oder ein schmutziges Nummernschild.

5 Geldangelegenheiten

In Russland ist allein der Rubel gültiges Zahlungsmittel für Bargeldzahlungen. Seit 01.07.1999 wird auf Erlass des Bürgermeisteramtes in Moskau bei Barzahlung von Gütern und Dienstleistungen eine Verkaufssteuer von 2 % erhoben.

1 Rubel (abgekürzt *rbl*) sind 100 Kopeken (abgekürzt *k* oder *kop*). An Banknoten sind 500-, 100-, 50-, 10- und 5-Rubelscheine im Umlauf. Es gibt 5-, 2- und 1-Rubelmünzen sowie 1-, 5-, 10- und 50-Kopenkenmünzen.

Der Wechselkurs (Stand Januar 2001) liegt bei:

1 DM = 13,60 Rbl
1 USD = 28,45 Rbl

Größere Rubelvorräte sollte man nicht anhäufen, auch wenn der Kurs über längere Zeit stabil geblieben ist. Keiner weiß, wann der nächste Absturz kommt und auch Russen tauschen jeden Rubel, der am Monatsende übrig ist, sofort in Hartwährung.

5.1 Preise

Moskau zählt zu einer der teuersten Städte der Welt. Das liegt vor allem an den horrenden Wohnungsmieten, und den hohen Preisen in Restaurants, für importierte Lebensmittel, Spirituosen, Kleidung und für westliche Sportclubs. Eine halbwegs gute Flasche französischer Wein ist kaum unter umgerechnet 30 DM zu haben, für ein Essen in einem westlichen Restaurant inkl. Vorspeise, Getränke und Kaffee gilt als Faustregel 100 DM pro Person – nach oben sind keine Grenzen gesetzt. Günstig für den Devisenausländer sind hingegen die Tarife für öffentlichen Verkehrsmittel, russische Produkte und Dienstleistungen, Konzert- und Theaterkarten, Eintrittskarten für Museen und andere kulturelle Einrichtungen. Durch gezielten Einkauf lassen sich die Ausgaben in einem vernünftigen Rahmen halten.

Die Preise sind meistens in Rubeln ausgezeichnet. Nach der Währungskrise im August 1998 sind einige Geschäfte und Restaurants wieder dazu übergegangen, ihre Preise in Verrechnungseinheiten (УСЛОВНАЯ ЕДИНИЦА, abgekürzt У.Е.) anzugeben. Bei Bezahlung wird in Rubel umgerechnet. Das zugrunde gelegte Verhältnis orientiert sich am Dollarkurs des Tages, ist zumeist jedoch etwas schlechter. Westliche Hotels, Reisebüros und Kliniken quotieren ihre Leistungen oft in Dollar. Barzahlungen erfolgen aber auch hier i.d.R. nur in Rubeln oder mit Kredikarte.

5.2 Banken und Wechselstuben

Devisen kann man bei Banken und den zahlreichen Wechselstuben (ОБМЕН ВАЛЮТЫ) umtauschen. Die höchste Akzeptanz hat der Dollar, gefolgt von der DM. Der Tausch anderer Hartwährungen ist in Moskau und St. Petersburg begrenzt möglich, z. B. in Hotels oder zuweilen bei Banken (in Moskau z. B. am Neuen Arbat). Die Kurse sind allerdings sehr schlecht. Außerhalb der beiden Großstädte wird auch die DM nur selten akzeptiert. Daher empfiehlt sich bei Reisen, Dollar mitzunehmen. Der Tauschkurs des Dollars ist allgemein günstiger als der für DM. Ein Vergleich bei verschiedenen Wechselstuben lohnt sich vor allem, wenn Sie größere Summen wechseln möchten, da sich die Kurse teilweise beträchtlich unterscheiden.

Beim Geldwechseln müssen Sie sich mit Ihrem Reisepass ausweisen, oft genügt auch die Vorlage der Dienstkarte.

Stark abgenutzte und vor 1990 gedruckte Dollarnoten werden sehr oft nicht angenommen.

5.3 Kreditkarten

In den größeren Städten kann man in Hotels, Restaurants und westlichen Läden mit gängigen Kreditkarten (American Express, Eurocard/Mastercard, Visa) zahlen. Seit der Währungskrise ist die Akzeptanz zurückgegangen. Mehr als eine Karte zu haben, ist daher ganz nützlich. Kreditkartensymbole am Eingang dienen zuweilen nur zur Dekoration, oder die Maschine ist kaputt oder keiner kann sie bedienen. Bevor man riskiert, zum „Tellerwäschen“ abkommandiert zu werden, sollte man sich in Restaurants vor der Bestellung nach der Akzeptanz erkundigen. Kreditkartenbelege werden in Rubel ausgestellt.

In Moskau und St. Petersburg findet man mittlerweile eine größere Anzahl von **Geldautomaten**, an denen man mit Kreditkarten (manchmal auch der Eurochequekarte) und Geheimzahl Rubel und in einigen Fällen Dollar abheben kann, z. B. an Banken, in Hotels, Einkaufspassagen, Kaufhäusern. Seit der Währungs- und Bankenkrise sind einige Automaten nicht mehr oder nur sporadisch in Betrieb, manche spucken keine Dollars mehr aus. Über längere Zeit problemlos funktioniert der Automat in der obersten Etage des Einkaufszentrums *Ochotnij Rjad* und im GUM in Moskau. Die Gebühren betragen 1 – 1,5 % der abgehobenen Summe. Immer wieder gehen Fälle von Missbräuchen durch die Presse. Insbesondere bei Benutzern von Eurochequekarten wurden häufig Auszahlungen abgebucht, die nie getätigt wurden. Es wird empfohlen, Geldautomaten zu meiden, die nicht zu einer Bankfiliale gehören.

Bei einigen Geschäftsbanken kann man mit der Kreditkarte unter Vorlage des Reisepasses direkt Bargeld abheben. Achten Sie auf entsprechende Hinweisschilder. Die Gebühren betragen 1 – 5 % der abgehobenen Summe. Barabhebungen mit Kreditkarte sind auch bei der staatlichen *Sberbank* (СБЕРБАНК) möglich zu einer Gebühr von 3 %. Hinzu kommen natürlich die Gebühren Ihres Kreditkarteninstituts in Deutschland.

Amercian Express
Moskau: Uliza Usacheva 33/1 (Metro „Sportivnaja")
Tel. 933 84 00 (auch bei Kartenverlust)
Mo – Sa 9.00 – 18.00 h

St. Petersburg: Grand Hotel Europa, Michailowskaja Uliza 1/7 (Metro „Newskij Prospekt“)
Tel. 329 60 60, 329 60 61
Mo – Fr. 9.00 – 17.00 h
Bei Kartenverlust United Card Center: 325 61 34, 325 61 34
Bei Verlust anderer Kreditkarten: Moskau 956 48 06

Für den Fall, dass Ihre Karte abhanden kommt, müssen Sie folgende Informationen parat haben:
- Name des Karteninhabers
- Kontonummer
- Gültigkeitsdauer
- Datum, wann Karte verloren ging oder wann Sie dies bemerkt haben
- Telefonnummer
- Name des Kreditinstituts, daß die Karte ausgestellt hat.

Eine Kopie der Kreditkarte bewahrt man am besten an einem sicheren Ort zu Hause auf.

6 Einkaufsmöglichkeiten und Dienstleistungen

Zumindest in den russischen Großstädten ist die Auswahl an Geschäften mittlerweile recht groß. Man kann fast alles kaufen, die Frage ist nur wo? Nachfolgende Auflistung ist als kleine Orientierungshilfe gedacht und berücksichtigt die gängigen Expatriat-Einkaufsstätten in Moskau. Da fast täglich neue Läden eröffnen, lohnt es sich immer, nach weiteren Einkaufssquellen Ausschau zu halten.

6.1 Lebensmittel, Putzmittel, Hygieneartikel, Kosmetika

Die **Versorgungslage mit Lebensmitteln** ist in Moskau erstaunlich gut. Frischwaren sind das ganze Jahr über erhältlich. Manchmal schwer zu finden sind frische Milch und frische Hefe. Da Sortiment und Qualität der Waren zuweilen stark variieren, muss man beim Einkauf eine gewisse Flexibilität in puncto Speiseplan mitbringen. Selten finden Sie alles an einem Ort, was den täglichen Einkauf zu einer recht zeitaufwendigen Sache macht. Die Ladenöffnungszeiten sind kundenfreundlich, einige Geschäfte arbeiten rund um die Uhr.

6.1.1 Westliche Supermärkte

In **westlichen Selbstbedienungssupermärkten** findet man ein Warenangebot, das mit deutschen Supermärkten vergleichbar ist. Hier werden auch Babynahrung und Diät-Produkte verkauft. Fleisch und Fisch wird zumeist frisch abgepackt oder tiefgefroren angeboten. Die Auswahl an Käse- und Wurstwaren ist recht groß. Vorwiegend sind die Produkte aus Westeuropa importiert. Die Preise liegen deutlich höher als in Deutschland.

In diesen Supermärkten finden Sie viele importierte Putz- und Waschmittel, die gängigen Hygiene- und Kosmetikartikel. Kreditkarten werden akzeptiert.
Die wichtigsten Adressen:

Supermärkte	Adresse	Nächste Metro	Bemerkungen
Cash & Carry Exposhop	Kransnopresnenskaja Nabereshnaja 14 „Expocenter“	Uliza 1905 Goda	Vorwiegend deutsche Importe, in einem Sektor Groß-verpackungen, daneben Supermarkt mit normalen Kleinverpackungen, relativ teuer
Dorogomilowskoj	Dorogomilowskaja Uliza 8	Kievskaja	Täglich 9.00 – 21.00 h So: 09.00 – 19.00 h
Eldorado	Bolschaja Poljanka 1/3	Poljanaka oder Tretjakowskaja	24 Stunden zuweilen gutes Angebot an Meeresfrüchten
Global USA	Leningradskoje Chaussee 112 Simjonowskij Val Ul. 12 Usatchewa Uliza 35 Menschinskowo Ul. 27 Twerskaja Uliza 6	Retchnoj Woksal + Bus 551oder 199 Proletarskaja Sportivnaja Babushkinskaja Twerskaja oder Pushkinskaja	Täglich 10 .00 – 22.00 h
Irlandskij Dom (Irish House)	Nowij Arbat 13	Arbatskaja	Täglich 9.00 – 22.00 h So: 10.00 h- 20 h Empfehlenswerte Fleisch- und Käsetheke, gute Bäckerei

Kalinka Stockmann	Smolenskaja Ploschad 3 – 5 Sasepsju Val 2-73	Smolenskaja Pavelteskaja	Finnisch, sehr teuer, dafür konstant hochqualitatives Sortiment, sehr gute Fleisch-Qualität
Mega Center Italia	Akademika Pilyugina Uliza 10	Novij Cheriomushkij Von dort Bus 666	Täglich 9.30 – 21.00 h So: 9.30 – 19.00 h Gutes Frischwaren- und Fleischangebot, franz. Backwaren
Progress	Zubowskij Bulvar 17	Park Kultury	Täglich 10.00 – 21.00 h So: 11.00 – 20.00 h
Ramstore	Scheremetjeweskaja Uliza 60 a Uliza Jazewskaja 19	Rischskaja Molodjoschnaja	Unter türkischem Management in westlichen Einkaufszentren, vergleichsweise preisgünstig, wechselndes Sortiment, auch viele russische Produkte
Sadko Foodlands	Krasnopresnenskaja Nabereshnaja 9 „Expocenter" Bol. Dorogomilowskaja Uliza 16	Uliza 1905 Goda, Krasnopresnenskaja Kievskaja	Täglich 10.00 – 22.00 h
Sam	Leninskij Prospekt 74 Warschawskoje Shosse 146	Leninskij Prospekt Akademicheskaja	24 Stunden, Backstation Täglich 10.00 – 24.00 h
Sedmoj Kontinent	Smolenskaja Ploschad 2/54 Ul. Bolschaja Lubjanka 12/1 Leninskij Prospekt 61/1 Ul. Mikhlucho-Maklaja 18/2 Festiwalnaja Uliza 8 Uliza Ochotnij Rjad 2 Uli. Serafimowitscha 2 Uliza Pokotowa 5	Smolenskaja Lubjanka, Kusnetzkij Most Leninskij Prospekt + Trolleybus 33, 4 Beljaevo Retchnoj Woksal + Bus 188, 233 Ochotnij Rjad Oktjabrskaja + Trolleybus 33, 62, 7, 4 Jacenewo + Bus 642	24 Stunden
Super Siwa	Slawjankij Bulvar 9	Kuntseskaja oder Pionerskaja oder Fili	Täglich 09.00 – 21.00 h

Auch in westlichen Supermärkten empfiehlt es sich, auf Haltbarkeitsdaten zu achten. Tiefkühlprodukte sollte man besonders im Sommer sorgfältig in Augenschein nehmen. Verklumpte Ware im Beutel zeugt von einer Unterbrechung der Kühlkette.

6.1.2 Russische Läden

Sicher werden Sie in der Nähe Ihrer Wohnung zumindest ein russisches Lebensmittelgeschäft finden, in dem Sie lokale Produkte guter Qualität kaufen können. Mitunter sind diese Läden sehr gut sortiert und bieten auch einige Importwaren an. In jedem Fall sind sie um vieles preisgünstiger als die westlichen Supermärkte. Für den Devisenausländer sind Brot, Milchprodukte, Schokolade, Wurstwaren und Käse sehr preiswert. Kreditkarten werden in der Regel nicht akzeptiert. Die Ladenöffnungszeiten sind unterschiedlich geregelt. Viele Geschäfte arbeiten 6 bis 7 Tage die Woche, manchmal mit eingeschränkten Öffnungszeiten am Wochenende, einige rund um die Uhr. Die Öffnungszeiten sind am Eingang angeschrieben (ЧАСЫ РАБОТЫ), ebenso die Pausenzeiten (ПЕРЕРЫВ). Einige Läden schließen während einer Mittagspause, legen zuweilen aber auch eine „technische", „technologische" oder gar „prophylaktische" Pause ein.

Viele Geschäfte arbeiten noch nach dem **sowjetischen Thekensystem** und eine freundliche Kundenorientierung ist nicht sehr ausgeprägt. Der Einkauf erfordert etwas Geduld, Übung und zumindest rudimentäre russische Sprachkenntnisse, wenn man sich nicht nur mit Zeichen verständigen will. Die Waren werden an Theken angeboten, die entweder durchnummeriert sind oder den Namen der jeweiligen Produktgruppe tragen. Über den Verkaufsraum sind einige Kassen verteilt, die allerdings nie gleichzeitig alle geöffnet haben. Der Einkauf funktioniert wie folgt:

Sie betrachten sich die Waren an den Theken, merken (oder besser notieren) sich Betrag und Thekennummer. Falls Sie Waren kaufen, die abgewogen werden müssen, zögern Sie nicht, die Aufmerksamkeit der Verkäuferin, die vielleicht gerade in die Lösung eines Kreuzworträtsels oder einen Plausch mit der Kollegin vertieft ist, mit einem energischen „Dewuschka" (Fräulein) auf sich zu ziehen. Das machen auch die Russen so. Die Dame wird Ihnen dann den Preis nennen oder sogar so nett sein, Ihnen alles aufzuschreiben. Im übrigen können Sie sich auch verpackte Waren von der Verkäuferin zeigen lassen, z. B. zur Prüfung des Verfallsdatums. Anschließend stellen Sie sich an der Kasse an, nennen der Kassiererin Beträge und Thekennummern und erhalten dann einen Kassenbon für jede Theke. Mit diesem Bon holen Sie bei der Verkäuferin die jeweiligen Waren ab. Meist aufgrund sprachlicher Mißverständnisse kann nun folgendes passieren:

- Sie haben zu wenig bezahlt: Kein Problem: Sie lösen bei der Kassiererin einen zweiten Bon über den Differenzbetrag.
- Sie haben zu viel bezahlt: Die Verkäuferin an der Theke wird Ihnen den Differenzbetrag auf dem Bon quittieren, wenn er signifikant ist, und Sie lassen sich damit an der Kasse das Geld auszahlen. Bei minimalen Beträgen wird Ihnen zuweilen der Gegenwert in Naturalien erstattet, z. B. mit einer Packung Kaugummi oder einer Plastiktüte.
- Was Sie wollten, ist bei Abholung nicht mehr da. Auch in diesem Falle müssen Sie sich den Stornobetrag auf dem Bon zwecks Auszahlung an der Kasse quittieren lassen.
- Die Thekennummer ist falsch: Sie müssen an der Kasse den Bon korrigieren lassen.

Lassen Sie sich von der nach außen zu Schau getragenen Gleichgültigkeit und Mürrigkeit mancher Verkäuferinnen nicht abschrecken. Bei der Bedienung wird manche recht freundlich und zeigt Langmut mit sprachlich ungewandten Ausländern. Mit Stammkunden wird zuweilen sogar ein privates Wort gewechselt.

In manchen Geschäften findet man ein entschärftes System, die einzelnen Theken haben eigene Kassen, an denen man direkt bezahlen kann. Auch private Sonderregeln kommen vor: Wenn Sie einer Verkäuferin bekannt sind, bietet sie Ihnen eventuell an, sofort bei ihr zu bezahlen. In den Großstädten wächst die Zahl von Supermärkten mit Selbstbedienung, so dass das typisch russische Einkaufserlebnis (leider) irgendwann der Vergangenheit angehören wird.

Einige gebräuchliche russische Ladenbezeichnungen:

ПРОДУКТЫ	Lebensmittel
ГАСТРОНОМ	Lebensmittel
МОЛОКО	Milchprodukte
МЯСО	Fleisch
РЫБА	Fisch
ПТИЦА	Geflügel

ХЛЕБ	Brot, Backwaren
БУЛОЧНАЯ	Bäckerei
КОНДИТЕРСКАЯ	Konditorei
ОВОЩИ	Gemüse
ФРУКТЫ	Früchte
УНИВЕРСАМ	Supermarkt
УНИВЕРМАГ	Kaufhaus (hier auch eine begrenzte Auswahl an Putzmitteln, Hygieneartikel etc.)

Metzgereien nach deutschem Verständnis sind selbst in Moskau eine Seltenheit. Das Fleisch in den russischen Läden stammt aus Fleischkombinaten, war zumeist eingefroren und taut dann in den Theken recht unappetitlich vor sich hin. Die Identifikation der Stücke ist für den Laien ohne Fleischerei-Fachausbildung nicht ganz einfach. In westlichen Supermärkten mag die Qualität nicht immer besser sein, zumindest ist die Präsentation ansprechender. Recht gute Fleischwaren bieten die Metzgereien der **Firma Knacker** (КНАКЕР) an: Eine Filiale befindet sich genau an der Metro „Universitet" (Ausgang zum Zirkus) und eine zweite auf dem Kutusowskij Prospekt. Die beste Adresse für Fleisch- und Wurstwaren ist die **deutsche Firma Delikatess**, die auch die deutsche Botschaft und viele große Hotels beliefert. Abgepackte Wurst dieser Firma ist in den Supermärkten der Kette „Global USA" und leider nur sporadisch in einigen russischen Geschäften erhältlich. Man kann aber mit dem Firmeninhaber Groß- oder Sammelbestellungen absprechen und einen Abholtermin in der deutschen Botschaft vereinbaren (Tel. 526 96 01, Fax 526 45 28). Zahlung in DM!

Die Auswahl an **russischen Backwaren** ist groß und die Qualität sehr gut. Auch hier stammt die Ware zumeist von Kombinaten, wird jedoch oft mehrmals täglich angeliefert. Fragen Sie ruhig nach, ob das Brot weich („МЯГКИИ") ist. Das „ЧЕРНЫИ ХЛЕБ" ähnelt dem deutschen Sauerteigbrot. Ein „БАТОН" bezeichnet einen ovalen, weißen Brotleib, ein „КИРПИЧ" ist ein Kastenbrot und ein „ЧЕРНЫИ / БЕЛЫИ КРУГЛЫИ" ein weißes/schwarzes rundes Brot. Das georgische Weißbrot „ЛАВАШ" ist dem türkischen Fladenbrot verwandt. Mit Fleisch, Käse, Pilzen etc. gefüllte Piroggen sind immer einen Versuch wert, ebenso die Hefeteilchen und –kuchen. Die russischen Torten bestechen vor allem durch Farbvielfalt und sind äußerst süß.

Frische Baguettes und Croissants erhält man in einigen westlichen Supermärkten, die über eigene Backstationen verfügen oder auch bei

Deli France: im Gebäude des Tchaikowskij-Konzertsaales (Metro „Majakowskaja")
auf dem Alten Arbat (Metro „Arbatskaja")
Cocorico: Uliza Ossipenko 42 (Metro „Nowokusnezkaja")

Körnerbrote erhält man in westlichen Supermärkten oder bei

Deutsche Bäckerei: Pjatnitzkaja Uliza 29/8 (Metro „Nowokusnezkaja")

6.1.3 Märkte und Kioske

Beliebt ist der Einkauf unter freiem Himmel. Auf den **Märkten** an oder in der Nähe von Metrostationen werden neben Obst und Gemüse auch alle Arten von Lebensmitteln, Haushaltswaren, Putzmittel, Hygieneartikel und manchmal Kleidung verkauft. Brot-, Milch- und Fleischkombinate haben hier Verkaufsstände. Einzelne Marktstände findet man überall an der Straße und zwischen den Häuserzeilen.

Im Sommer ist die Auswahl an Frischwaren sehr groß und die Preise recht niedrig. Im Winter hat Obst und Gemüse leider oft Frostschäden oder ist gar gefroren. Daher sollte man bei extremen Minusgraden nur an geschlossenen oder beheizten Ständen einkaufen. Da der

Frischwarenverkauf fest in kaukasischer Hand liegt, herrscht südländliche Basar-Atmosphäre. Preise sind nicht immer angeschrieben und Feilschen ist erlaubt, wenn Sie das Gefühl haben, übers Ohr gehauen zu werden. Wundern Sie sich nicht, wenn Ihre Waage zu Hause weniger anzeigt als die Waage auf dem Markt. Das muss man einfach hinnehmen ebenso wie gelegentliche Preisdifferenzierungen für Ausländer und den in die Tüte geschmuggelten angefaulten Apfel. Wenn Sie schon an Ort und Stelle Zweifel haben, ob die Menge stimmt, bringen Sie dies zum Ausdruck. Dann wird eventuell noch was nachgelegt. Stände mit registrierten (d.h. nummerierten) Waagen sind genauer. Finden Sie einen ehrlichen Verkäufer, bleiben Sie ihm treu.

In **geschlossenen Markthallen** werden das ganze Jahr über alle erdenklichen Frischwaren bis hin zu exotischen Früchten, angeboten. Die beiden populärsten sind:

Tscherjomushkinskij Markt:Lomonossowskij Prospekt 1/42, Metro „Novije Tscherjomushkij" oder „Profsojusnaja"
Dorogomilowskij Markt: Mozshaiskij Wal 10, Metro „Kievskaja"
(Öffnungszeiten täglich 7.00 – 19.00 h, So: 7.00 – 17.00 h)

Die Preise sind hoch, aber die liebevoll präsentierte und die lautstark angepriesene Ware ist stets von guter Qualität. Es gibt eine große Auswahl an frischem und geräuchertem Fisch, Fleisch und Geflügel. Der Anblick ist gewöhnungsbedürftig: Fleischstücke werden von Männern in blutbefleckten Schürzen rustikal auf Holzklötzen zurecht gehauen. Vor der Zubereitung sollte man auf die gründliche Entfernung von Splittern achten.

Weitere geschlossene Markthallen:

Leningradskij: Chasowaja Uliza 11 (Metro „Aeroport" oder „Sokol")
Basmanij: Baumanskaja Uliza 47 (Metro „Baumanskaja", von dort Trolleybus 22, 25)
Perovskij: Petcherskaja Uliza 2a (Metro „Wychino", von dort Trolleybus 30, 64)
Severnij: Uliza Ljotchika Babushkina 30 (Metro „Babushkinskaja")
Usachevskij: Usacheva Uliza 36 (Metro „Sportivnaja")

In den letzten Jahren schossen **Kioske** wie Pilze aus dem Boden. Viele dieser Miniläden haben 24 Stunden geöffnet und bieten Getränke, Spirituosen, Zigaretten und eine Auswahl an Lebensmitteln an. Sie eignen sich hervorragend für den kleinen Einkauf im Vorbeigehen. Ansonsten freut sich jede **Babushka**, die an der Straße mit dem Verkauf von ein paar Blumen, Gemüse oder Kräutern die lange überfällige Pension aufzubessern versucht, über Ihren Einkauf.

Was man mitbringen sollte:

Die Auswahl an Lebensmitteln ist zumindest in Moskau mittlerweile so groß, dass es sich kaum lohnt, im Umzugsgut seinen eigenen Supermarkt einzuführen. Lediglich ein paar Kleinigkeiten machen (aus heutiger Sicht) Sinn:

- eine Grundausstattung an Gewürzen für die Anfangszeit
- die bevorzugten Küchenhelfer (Würzmischungen für Salatsoßen, Soßenbinder etc.)
- besondere Essig- und Senfsorten
- einen Vorrat an gemahlenen Nüssen, Trockenhefe, Backpulver, Vanillinzucker, Gelatine, Glasuren und ähnlichen Backzutaten

- einen Vorrat an Waschmitteln, Spülmittel, Salz und Klarspüler für den Geschirrspüler
- einen Vorrat an Hygieneartikeln

- die bevorzugten kosmetischen Produkte

Alles ist auch vor Ort erhältlich, aber vielleicht nicht in Ihrer Lieblingsmarke, zuweilen nur nach längerer Suche oder zu deutlich höheren Preisen.

Achten Sie auf Haltbarkeitsdaten!

6.2 Genussmittel

Lokal produzierte Spirituosen sind relativ preisgünstig. Die Auswahl an Wodkas ist sehr groß, Marken mit der Bezeichung „КРИСТАЛЛ" sind durchweg gut. Weine aus Georgien und der Ukraine sind zuckersüß, gute Dessertweine kommen von der Krim aus Massandra. Russischer Sekt (ШАМПАНСКОЕ) ist einen Versuch wert, so lange man sich an trockene Sorten hält (БРЮТ oder СУХОЕ), ebenso wie russisches Bier, z. B. der Marke Baltika. Beim Kauf an Kiosken sollte man darauf achten, dass Flaschenverschlüsse unversehrt sind. Gepanschter Wodka führt immer wieder zu gefährlichen Vergiftungen.

Importierte Spirituosen und Weine sind um ein Vielfaches teurer als in Deutschland, Zigaretten (auch importierte) hingegen sehr billig. Hartnäckig halten sich Gerüchte, dass insbesondere auf Märkten angebotene Zigaretten trotz Steuermarke und authentischer Verpackung nicht original seien, aber da Rauchen ohnehin gesundheitsschädlich ist, sollte man sich darüber nicht zu viele Gedanken machen.

Teuer ist Kaffee, insbesondere Bohnenkaffee. Eine große Auswahl an frischen Kaffeesorten findet man bei Coffee Bean (Puschetschnaja Uliza 9, Metro „Kusnetskij Most")

Was man mitbringen sollte:

Wenn Sie die Möglichkeit haben, bringen Sie in Ihrem Umzugsgut eine gut sortierte Hausbar, Wein und einen Kaffeevorrat mit.

6.3 Möbel, Elektrogeräte, Haushaltswaren

Russische Möbel entsprechen in Ausführung und Qualität nicht unbedingt dem westlichen Geschmack. Mittlerweile gibt es eine Reihe von Läden (z.B. entlang des Kutusowskij und Leninskij Prospektes), die importierte Möbel und Küchen für den zahlungskräftigen Kunden anbieten. Die Preise sind sehr hoch, so dass man Einrichtungsgegenstände am besten von zu Hause mitbringt oder in eine möblierte Wohnung ziert. Eine große Auswahl bietet das Möbelhaus „Grand" an der Leningradskojer Chaussee (Metro „Retchnoj Woksal" und Bus 551, 342 oder „Planernaja" und Bus 551, 342, 517). Hier finden Sie auch alles für den Garten. Seit März 2000 hat IKEA in Moskau die Tore der ersten russischen Filiale geöffnet mit allem was dazu gehört, also Cafeteria, Kinderspielecke und Teelichtern im Hunderterpack. IKEA liegt an der Leningradskojer Chaussee, Richtung Flughafen rechter Hand gegenüber der Panzersperren aus dem II. Weltkrieg.

Elektrogeräte (vorwiegend importiert) sind in großer Auswahl erhältlich. Geschäftsadressen entnehmen Sie am besten dem *Moscow/St. Petersburg Business Telephone Guide* oder *Traveller's Yellow Pages*. Ein breites Angebot (Haushaltsgeräte, Computer u. Zubehör, Fernseh- und Rundfunkgeräte) finden Sie in den Pavillions auf dem Gelände der ehemaligen Ausstellung der Errungenschaften der Volkswirtschaft (Metro „WDnCH") und bei *Global USA* (Adressen unter „westlichen Supermärkten"). Die Preise sind akzeptabel. Manchmal gibt es sogar richtige „Schnäppchen". Wenn Sie ein Elektrogerät kaufen, wird der Verkäufer Sie nicht eher aus dem Laden lassen, bis er Ihnen die Funktionstüchtigkeit und Handhabung in allen Einzelheiten vorgeführt hat. Der Grund liegt im russischen Kaufrecht: Der Einzelhändler ist verpflichtet, den Kunden über die zum Kauf angebotene Ware wahrheitsgetreu zu informieren. Bei Unterlassung haftet er für Mängel, wenn der Käufer beweisen kann, dass sie aufgrund fehlender Informationen eingetreten sind. Also muss man die oft umständliche Prozedur einfach über sich ergehen lassen.

Die Stromspannung beträgt 220 V bei 60 Hz. Aus Deutschland mitgebrachte Geräte funktionieren einwandfrei. Aufgrund der höheren Hertz-Zahl (in Deutschland 50 Hz) gehen lediglich Digitaluhren, z.B. an Herd, Mikrowelle, Radiowecker, mit der Zeit falsch, falls sie nicht für 50 – 60 Hz ausgelegt sind. Die Anschlüsse von **Telefonen, Fax** oder **Modem** aus Deutschland passen nicht in die russischen Telefonbuchsen. Außerdem ist die Pin-Belegung vertauscht. Einige Elektroläden rüsten die Kabel um oder können Ihnen zumindest eine Adresse nennen. Besser kauft man jedoch diese Geräte vor Ort.

Haushaltswaren (Töpfe, Pfannen, Küchenwerkzeuge, Geschirr, Gläser etc.) sind teuer, wenn es sich um Importe handelt. Russisch hergestellte Produkte sind oft von minderer Qualität. Westliche Supermärkte bieten eine gewisse Auswahl an.

Noch einige Ladenbezeichnungen:

МЕБЕЛЬ	Möbel
БЫТОВАЯ ТЕХНИКА	Haushaltstechnik
ЕЛЕКТРОНИКА	Elektrogeräte
СВЕТ	Lampen, Glühbirnen
ВСЕ ДЛЯ ДОМА	kleiner Baumarkt, Haushaltswaren
САНТЕХНИКА	Sanitärtechnik

☆ **Was man mitbringen sollte:**

Kurz zusammengefasst: Möbel und Küchenausstattung führt man am besten ein. Elektrogeräte sind auch vor Ort in großer Auswahl zu vernünftigen Preisen erhältlich.

6.4 Bekleidung und Schuhe

Wegen der extremen Temperaturunterschiede in Winter und Sommer sollte der Kleiderschrank gut gefüllt sein. Schneematsch über Wochen in der Tauwetterperiode stellt Textilien und Schuhe auf eine harte Probe.

Wenn Sie vorwiegend bei Gucci, Lagerfeld und Dior einkaufen, sind Sie zumindest in Moskau gut aufgehoben. Entlang der Prachtstraßen und in den teuren Einkaufspassagen (z.B. Okhotnij Rjad, Petrovskij Passage) ist die Spitze der internationalen Designermode mit zahlreichen Boutiquen ebenso vertreten wie Esprit, Benetton und Co. Ansonsten ist die Auswahl begrenzt. Einige Adressen:

Kalinka Stockmann: Leninskij Prospekt 73 (Metro „Profsojusnaja" oder „Universitet",
von dort jeweils Bus 130 oder Trolleybus 49)
Smolenskaja Ploschad 3/5 (Metro „Smolenskaja")
Petrovskij Passage: Uliza Petrovka 10 (Metro „Kusnetzkij Most, „Teatralnaja)
Polskaja Moda: Uliza 26 Bakinskikh Kommissarow 7 (Metro „Jugo-Sapadnaja)
Britannskij Dom: Nowij Arbat 15 (Metro „Arbatskaja")
Sadco Arcade: Krasnopresnenskaja Nabereshnaja 14 (Metro „ Krasnopresnenskaja")
TSUM: Petrovka Uliza 2 (Metro „Teatralnaja")

Tverskoj Passage: Tverskaja Uliza 18a (Metro „Pushkinskaja", „Tverskaja")
Und das weltberühmte Kaufhaus
GUM am roten Platz: Ein Besuch lohnt sich eher wegen Architektur und Atmosphäre als zum Einkauf. Die Karstadt-Filiale z. B. bietet Mode von gestern zu Preisen von übermorgen.
Salamander: Leninskij Prospekt 37a u. Smolenskaja Ploschad 1 / 4 (Metro „Smolenskaja")

Viele russische Kaufhäuser verkaufen Kleidung und Schuhe. Die angebotenen Waren sind jedoch oft von minderer Qualität und entsprechen nicht unbedingt dem westlichen Geschmack. Kinderkleidung gibt es im Detskij Mir an der Metrostation „Lubjanka" und in recht großer Auswahl im Kaufhaus „Leipzig" (Akademika Wargi Uliza 8, Metro „Tjopli Stan"). Die auf Märkten verkauften Textilien und Schuhe sind in der Regel Billigimporte aus Fernost.

Gut vor Ort zu kaufen sind hingegen mit Lammfell gefütterte Lederjacken und –mäntel („Dubljonki") als Alternative zum Pelz, sowie Pelzmützen („Schapkas") für die kalten Wintertage. Diese erhalten Sie in russischen Bekleidungsläden und Kaufhäusern in unterschiedlichen Qualitäten und Preislagen. Eine große Auswahl an Leder- und Pelzbekleidung findet man bei **Dubljonki** (Leninskij Prospekt 6/7, Metro "Oktjabrskaja" – 24 Stunden geöffnet).

Bezeichnungen:

ОДЕЖДА	Bekleidungsladen
ОБУВЬ	Schuhladen

Was man mitbringen sollte:

Ausreichend Kleidung für alle Witterungsverhältnisse, vor allem eine gute Winterausrüstung: warme Winterjacken/-mäntel (Schneeanzüge für Kinder), Schals, Mützen, gute Handschuhe, warme Unterwäsche, Vliesjacken und gut gefütterte, wasserdichte Stiefel.

6.5 Bücher

Lesen ist in Russland ein beliebtes Hobby. So findet man neben einer großen Zahl von Buchhandlungen viele Bücherstände in Metrostationen und Unterführungen.

Bezeichnungen:

КНИГИ	Buchhandlung
БУКИНИСТ	Buchantiquariat

Einige Buchhandlungen, die auch fremdsprachliche Literatur anbieten:

American Bookstore: Deneschnij Pereulok 8/10 (Metro „Smolenskaja")
Mo- Sa: 10.00 – 19.00 h (Mittagspause 14.00 – 15.00h)
Anglia Bookshop: Chlebnij Pereulok 2/3 (Metro „Arbatskaja")
Mo - Fr 10.00 – 19.00 h, Sa 10 – 18 h, So 10 – 16 h
Biblio-Globus: Myasnitskaja Uliza 6 (Metro „Lubjanka")
Mo - Fr 10 .00 bis 19.30 h, Sa 10.00 – 19.00 h
www.biblio-globus.ru
Dom Knigi: Nowij Arbat 26 (Metro „Arbatskaja")
Mo – Sa 11.00 – 20.00 h (Mittagspause 14.00 – 15.00 h)
Inostranaja Kniga: Uliza Malaja Nikitskaja 16 (Metro „Barrikadnaja")
Mo – Sa: 11.00 – 20.00 h (Mittagspause 14.00 – 15.00h)
Pangloss: Bolschoi Palaschewskij Pereulok 9 (Metro „Twerskaja"/"Pushkinskaja")
Täglich 11.00 – 20.00 h, So 11.00 – 17.00 h

www.pangloss.net
Progress: Zubowskij Bulvar 17 (Metro „Park Kultury")
Täglich 10.00 – 21.00 h, So 11.00 – 20.00 h
Uliza Mikhlucho-Maklaja 11 (Metro „Jugo-Sapadnaja" von dort Bus 718/752/261)
Mo – Fr 10.00 – 19.00 h, Sa 10.00 – 17.00 h
Rubikon: Kaluschskaja Ploschad 1 (Metro „Oktjabrskaja")
Mo – Fr 10.00 – 19.00 h, Sa 10.00 – 18.00 h
Shakespeare & Co.: 1. Novusknezkij Pereulok 5/7 (Metro „Paveletskaja)
Täglich 11.00 – 19.00 h, So 12.00 – 18.00h

6.6 Und was man sonst noch braucht

Grünpflanzen zur Verschönerung der Wohnung findet man in Läden und Kiosken mit der Aufschrift **ЦВЕТЫ**. Die Preise sind ziemlich hoch, Pflanzen zu günstigen Preisen findet man zuweilen bei *Ramstore* (Adresse unter 6.1.1. „westliche Supermärkte") und IKEA.

Souvenir- und Antiquitätenläden konzentrieren sich in Moskau am Alten Arbat, sind jedoch auf Touristen ausgerichtet und dementsprechend teuer. Das Mekka für Souvenirjäger ist der Ismailowo Markt am Ismailowskij Hotel, der jedes Wochenende stattfindet (Metro „Ismailowskij Park" von dort einfach der Menschenmenge folgen). Neben Matrjoschkas, Lackdosen, Teppichen, Tischdecken, Gemälden und sonstigen landestypischen Kunstgegenständen wird allerlei Krimskrams aus Beständen der roten Armee angeboten. Und wenn Sie noch eine Leninbüste für den Partykeller daheim suchen, finden Sie auch die.

Ebenfalls am Wochenende findet am *Dom Chudoschnika* zur Moskwa-Seite hin ein großer **Bildermarkt** statt (Krimskij Wal 10, Metro „Oktjabrskaja" oder „Park Kultury").

Musik- und Computerfans kommen auf dem **CD-Markt** am Moskauer Fili-Park auf ihre Kosten. Für jeden Musikgeschmack findet sich hier eine große Auswahl von CD's erstklassiger Qualität (CD's sind umgerechnet bereits ab 3 DM/Stück erhältlich) sowie alles für den Computer und die Playstation: jeden Samstag und Sonntag, Bolschaja Filewskaja (Metro „Bagratjonowskaja").

Eine gute und günstige Auswahl an **Leinenstoffen** findet man bei *Russkij Ljon* (Komsomolskij Prospekt 29, Metro „Frunzenskaja", Mo – Sa 10.00 – 19.00 h), schöne Tischwäsche aus Leinen und Spitzen bei *Wologodskij Ljon* (Uliza Iljinka 4, in der Einkaufspassage *Gostinij Dvor* hinter GUM, täglich 10.00 – 20.00 h, Metro „Kitai Gorod" oder „Ploschad Revolutsii").

Wenn Sie ein **Haustier** suchen, finden Sie alles vom Kanarienvogel bis zum Reptil auf dem Ptitschnij Markt (Uliza Bolschaja Kalitnikowskaja, Metro „Proletarskaja" und von dort mit Trolleybus 35). Ein Besuch lohnt sich immer, auch nur zum Anschauen. Hundezüchter und kynologische Verbände inserieren in *Traveller's Yellow Pages*. Importiertes und lokal produziertes **Tierfutter** für die üblichen Haustiere ist in vielen russischen Geschäften, westlichen Supermärkten und Zoogeschäften (ЗООМАГАЗИН) erhältlich. Russen sind sehr tierlieb und legen auf eine gute Ernährung ihrer vierbeinigen Lieblinge wert. Wundern Sie sich nicht, wenn man Ihnen in einer Zoohandlung Hundefutter erst ausgehändigt, nachdem Sie eingehend nach Rasse, Alter und Gewicht befragt worden sind.

Und was viele Expatriats sonst noch mitbringen:

- Liegestühle, Sonnenschirm, Kühlbox für den Sommerausflug ins Grüne
- Elektrogrill für den Balkon, Gartenmöbel
- Bettwäsche, Handtücher, Geschirrtücher und Wäscheständer

- Schlitten, Schlittschuhe, Langlaufski (auch in russischen Kaufhäusern erhältlich)
- Luftbefeuchter, Heizlüfter oder Radiatoren, Ventilator
- Wasserfilter und Kartuschen
- Grundausstattung an Werkzeug, Schrauben, Dübeln etc.
- Isoliertaschen zum Transport von Gefriergut
- Übertöpfe für Pflanzen

Und noch ein Tipp: Haben Sie immer mindestens eine leere Einkaufstüte im Handgepäck, wenn Sie unterwegs sind. Die gibt's nämlich in russischen Geschäften und auf Märkten nicht oder nur gegen Bezahlung. Außerdem finden Sie vielleicht etwas, was Sie schon lange gesucht haben, und das kaufen Sie dann am besten gleich, es kann beim nächsten Mal schon wieder verschwunden sein. Wenn Sie einmal Schlange stehen müssen, was heutzutage selten geworden ist - aber an beliebten Theken in russischen Läden ab und zu vorkommt -, tun Sie es mit Selbstbewusstsein: es wird manchmal ganz schön gedrängelt. Wenn man die Schlange kurze Zeit verläßt, um sich etwas anderes anzusehen, sagt man einfach dem Hintermann Bescheid. Der lässt Sie später anstandslos wieder in Reih' und Glied treten.

6.7 Dienstleistungen

➔ Chemische Reinigung - ХИМЧИСТКА

Russische Reinigungen sind zwar günstig - wann und vor allem in welchem Zustand Sie Ihre Textilien wieder zurückerhalten, ist allerdings Glücksache. Daher sollte man auf teurere Reinigungen ausweichen, die über westliche Technik und Chemikalien verfügen. Empfehlenswert sind in Moskau:

California Cleaners: Pokhodnij Projesd 24
Tel. 493 53 11, 493 85 00, 497 00 05, 497 00 11
Fax 493 52 71
Kostenlose Abholung und Anlieferung wird angeboten.
Über 20 Abgabestellen (siehe *Moscow Business Telephone Guide*)

BFT-Diana: Telefonische Auskunft unter 336 25 33, Fax 335 38 19
Günstiger als California Cleaners
Kostenlose Abholung und Anlieferung bei Aufträgen über 500 Rubel
Über 150 Abgabestellen (siehe *Moscow Business Telephone Guide*)

➔ Friseur – ПАРИКМАХЕРСКАЯ

Der Besuch bei einem russischen Friseur birgt – wie überall auf der Welt – das Risiko, den Laden todunglücklich wieder zu verlassen. In den meisten Hotels und einigen westlichen Wohnkomplexen findet man Friseursalons mit westlichem Ambiente. Das Personal ist nicht unbedingt besser ausgebildet, spricht aber meist eine Fremdsprache. Die Preise sind gesalzen. Einen günstigen Haarschnitt (umgerechnet für wenige Mark) bekommen Sie bei einer russischen *Parikmacherskaja* um die Ecke. Falls Sie nicht auf Empfehlungen von Bekannten zurückgreifen können, sollten Sie sich bei größeren Typveränderungen die verwendeten Produkte zeigen lassen. Falls die Sprachkenntnisse nicht ausreichen, ist es ganz nützlich, ein Foto parat zu haben, auf dem die Wunschfrisur erkennbar ist. Ansonsten liegen auch bei russsichen Friseuren Magazine mit Haarschnitten aus.

→ Foto-Entwicklung – ПРОЯВКА - ПЕЧАТЬ / ФОТОРАБОТЫ
Fotos kann man billiger als in Deutschland und in guter Qualität um die Ecke entwickeln lassen. Entwicklungsdienste werden nicht nur in Foto-Fachgeschäften, sondern auch in vielen Supermärkten, Geschäften, Metrostationen usw. angeboten. Neben Format und matt/glänzender Ausführung müssen Sie spezifieren, ob der Film als *proyavlenje* (nur Negative) oder *pechat* (Negative und Abzüge) entwickelt werden soll.

→ Schuhreparaturen – РЕМОНТ ОБУВИ
Neue Absätze und sonstige Schuhreparaturen sind sehr preisgünstig und werden in aller Regel ordentlich ausgeführt.

→ Uhrenreparaturen – РЕМОНТ ЧАСОВ
Batterien erhalten Sie außer in Fachgeschäften auch an speziellen Ständen in russischen Kaufhäusern und Supermärkten

→ Veterinärdienste – ВЕТЕРИНАРНЫЕ СЛУЖБЫ
Bevor Sie Waldi einem Tierarzt anvertrauen, stellen Sie sicher, dass die Tierklinik eine staatliche Lizenz hat. Private Tierkliniken und städtische Veterinärdienste für die einzelnen Bezirke finden man in *Traveller's Yellow Pages*. 24-Stunden-Dienste bieten u.a. folgende Tierkliniken an:

Aibolit Clinic: Uliza Butlerowa 5 a (Metro „Kaluschskaja"), Tel. 338 1700, Hausbesuche
24-h-Veterinärdienst: Novinskij Bulvar 13 (metro „Smolenskaja")
Tel: 252 29 72
Zentrale Veterinärklinik: Tsvetnoj Bulvar 11/1 (Metro „Tsvetnoj Bulvar")
Tel: 921 65 65 (auch englisch)
Movet Veterinary Clinic: Uliza Vasilisy Kozhinoj 23 (Metro „Bagratjonowskaja"),
Tel. 142 01 04, Hausbesuche
24-h-Veterinärklinik Na Jugo-Sapade: Uliza Ostrovitjanowa 1a
Tel. 434 55 47

7 Die neue Wohnung

Obwohl sich das Wohnungsangebot durch den Bau- und Renovierungsboom der letzten Jahre vergrößert hat und seit August 1998 die Mietpreise krisenbedingt stark gefallen sind, bleibt Moskau ein teueres Pflaster. Abgesehen von möglichen Frustrationen, wenn das Traumobjekt Ihr Budget übersteigt, ist die Wohnungssuche eine spannende Sache, der man möglichst viel Zeit widmen sollte. Der Wohnungsmarkt hat nicht nur für Architekturliebhaber einige Kuriositäten zu bieten. Wo sonst haben Sie die Möglichkeit, im Geburtshaus eines berühmten Dichters zu leben, einen bekannten Schauspieler zum Nachbarn zu haben oder in die Wohnung eines ehemaligen hohen Parteifunktionärs einzuziehen?

7.1 Wohnlagen in Moskau

Viele Ausländer entscheiden sich für eine Wohnung in der **Stadtmitte** innerhalb des sogenannten Gartenrings. Der große Vorteil: Man ist „mitten im Leben" und weniger auf Transportmittel angewiesen, denn die meisten kulturellen Einrichtungen und viele Restaurants und Kneipen sind im Zentrum zu finden. Da die Büros vieler Firmen im Zentrum angesiedelt sind, entfallen lange Fahrwege zur Arbeit. Nachteilig ist die starke Luftverschmutzung, besonders bei Inversionswetterlage im Winter. Nachfolgend die besten Wohngebiete im Zentrum:

- ***Patriarshie Prudy***: ruhige und sichere Lage, malerische Altbauten, in denen schon Pushkin, Tolstoi und Bulgakov lebten
- ***Alter Arbat***: eine der ältesten Moskauer Straßen, deren Häuser seit Beginn der 90er Jahre renoviert werden, war erste Fußgängerzone der Sowjetunion und ist heute eine Touristenattraktion mit Kneipen, Straßenkünstlern und –händlern (daher weniger ruhig)
- ***Kitai Gorod und Chistie Prudy***: Spuren aus Moskaus 850jähriger Geschichte an jeder Straßenecke, nahe zu Kreml und Rotem Platz
- ***Kropotkinskaja***: enge, ruhige Straßen mit westeuropäischem Ambiente
- ***Tverskaja Uliza***: Prachtstraße mit vielen Geschäften (allerdings sehr viel Verkehrslärm) und deren ruhigere Seitenstraßen

Beliebt sind auch Wohnungen, die außerhalb des Gartenrings, aber immer noch **zentrumsnah** liegen (1 – 3 Metrostationen zur Stadtmitte). Empfohlene Lagen: Anfänge des *Kutuskowskij*, des *Leninskij*, des *Komsomolskij Prospektes* und des *Prospektes Mira* sowie die *Frunzenskaja Uferstraße*.

Für eine Wohnung in den **Stadtrandgebieten** (Entfernung zum Zentrum ca. 10 – 20 km) spricht vor allem die bessere Luft. Parkanlagen und Waldgebiete steigern die Lebensqualität. Nach Möglichkeit sollte man innerhalb des Autobahnringes wohnen, um noch Metroanschluß zu haben. Von Ausländern bevorzugte Gegenden liegen im Westen und Südwesten der Stadt:

- Gebiet um den ***Leninskij Prospekt*** und die ***Profsojusnaja Uliza***
- Gebiet um die ***Lomonossow-Universität*** und den ***Prospekt Wernadskowo***
- ***Mosfilmowskaja Uliza*** (hier haben sich viele westeuropäische Botschaften mit Wohnkomplexen angesiedelt)

Dort finden Sie auch gute Einkaufs- und Freizeitmöglichkeiten. Weniger beliebt sind Wohnungen im Osten und Südosten der Stadt, da Industrieanlagen die Luft verpesten. Als ökologisch rein gilt dagegen der Norden der Stadt.

Von Vorteil ist es, wenn die nächste Metrostation nur wenige Gehminuten oder Bushaltestellen entfernt ist, um nicht auf ein Auto angewiesen zu sein. Man sollte prüfen, ob

Einkaufsmöglichkeiten auch zu Fuß zu erreichen sind. Die Nähe zu Schule und Kindergarten ist ein wichtiger Faktor für Familien mit Kindern (siehe Kapitel 13 „Mit Kindern in Moskau“). Es ist zu überlegen, welche Wegstrecken man seinen Schützlingen täglich zumuten will.

7.2 Gebäudetypen

Die Auswahl an Wohnformen ist groß. Um die Orientierung zu erleichtern, nachfolgend eine grobe Kategorisierung (die angegebenen Preise entsprechen Durchschnittswerten auf der nach oben offenen Moskauer-Mietskala, Stand Frühjahr 1999):

7.2.1 Westliche Apartmentkomplexe und Siedlungen

Prestigeträchtige Wohnungen mit westlichem Komfort sind in Apartmentkomplexen zu finden, die in den 90er Jahre zumeist mit ausländischer Beteiligung entstanden sind, um den gehobenen Ansprüchen der Expatriat-Klientel zu genügen. Dank vielen – für Russland nicht selbstverständlichen - Annehmlichkeiten (z. B. beheizte Tiefgaragen, Satelliten-TV, digitales Telefonsystem, Einkaufspassagen, Fitnessclubs, Kindergärten, Reparatur-Service, 24-Stunden-Wachdienst, Englisch spechnendes Management) können Ausländer sich (fast) wie zu Hause fühlen. Leider haftet diesen Komplexen immer ein Hotel-Charakter an. Die bekanntesten Objekte sind:

- ***Park Place*** (Ende des Leninskij Prospektes kurz vor dem Autobahnring) – Telefonische Auskunft unter 956 50 50 oder im Internet: www.mbtg.net/park - Hines Management
- ***Donskoy Posad*** (Seitenstraße des Leninskij Prospektes, näher am Gartenring) – Telefonische Auskunft unter 935 79 00 – Hines Management

Auch Häuschen im Grünen sind verfügbar, z.B. in den abgeschirmten Ausländersiedlungen

- ***Rosinka*** (217 Häuser, 24 km vom Zentrum, außerhalb des Autobahnringes im Nordwesten der Stadt) –Telefonische Auskunft unter 940 58 64, 940 59 75 oder im Internet: www.rosinka.ru – Rosinka International Family Community
- ***Pokrovskij Hills*** (256 Häuser, 13 km vom Zentrum in nordwestlicher Richtung) – Telefonische Auskunft unter 785 05 00 – Hines Management
- ***Knyazichy*** (186 Häuser, 7 km außerhalb des Autobahnringes im Westen der Stadt) – Telefonische Auskunft unter 798 98 48, 798 89 00 – Podmoskowje

So angenehm diese Anlagen besonders für Familien mit Kindern und Haustieren sein mögen, man lebt im Ausländer-Ghetto. Eine Bewohnerin beschrieb es treffend: „Manchmal muss man einfach mal raus in die Wirklichkeit“. Dazu wird man auf ein Auto angewiesen sein, da wegen der isolierten Lage die Anbindung an öffentliche Verkehrsmittel häufig fehlt.

Die Größe der Wohnungen und Häuser reicht von 70 bis über 300 m². Ein dickes Mietbudget muss man allerdings mitbringen: Wohnungen kosten je nach Größe ca. 3.000 – 8.000 $ im Monat, Häuser 5.000 – 17.000 $ im Monat.

7.2.2 Moderne Backsteingebäude

Mitte der 80er Jahre wurden diese Gebäude für hochrangige Regierungsangestellte („Apparatchiks“) gebaut. Da sie zentral in bevorzugten Wohngebieten (z. B. Patriarshie Prudy, Kropotkinskaja, nahe am alten Arbat) liegen, sind sie bei Geschäftsleuten und Ausländern sehr beliebt. Man findet renovierte Wohnungen von gehobener Ausstattung, in der Regel steht ein bewachter Parkplatz zur Verfügung. Als Sicherheitsmaßnahmen sind

Gegensprechanlagen und/oder Codeschlösser installiert. Meistens ist ein Concierge (russische Variante des Hausmeisters) oder Wachpersonal vorhanden.
Die Wohnungsgröße liegt zwischen 40 bis 250 m². Die monatliche Miete bewegt sich durchschnittlich zwischen 700 – 7.000 $ je nach Größe und Renovierungsgrad.

7.2.3 Stalin-Wolkenkratzer

Wegen ihrer einzigartigen Architektur im Zuckerbäckerstil und ihrer bequemen, zentralen Lage sind die Hochhäuser aus der Stalinzeit bei vielen Expatriats beliebt. Die Bewachung ist gut und renovierte Wohnungen sind verfügbar. Von den insgesamt 7 Gebäuden sind 4 Appartementhäuser:

- Wolkenkratzer am Kotelnicheskaja Ufer (5 min. vom Roten Platz)
- Wolkenkratzer am Novinskij Boulevard (nahe am Arbat)
- Wolkenkratzer am Anfang des Kutusowskij Prospektes
- Wolkenkratzer am Leningradskij Bahnhof

Die Wohnungsgröße liegt zwischen 40 und 180 m², die Preise bewegen sich zwischen 700 – 5.000 $ im Monat je nach Größe und Renovierungsgrad.

7.2.4 Alte Stadthäuser

Seit Beginn der 90er Jahre sind viele Häuser aus der Zeit um die Jahrhundertwende renoviert worden. Sie liegen in der Regel zentral und doch ruhig und bieten eine überlegenswerte Alternative zum Leben im Hochhaus. Gedenktafeln an den Eingängen zeugen von früheren Bewohnern – oft bekannte Persönlichkeiten aus Geschichte und Kultur. Bei einigen Häusern wurde nur die Fassade erhalten und das Innenleben komplett entkernt. In anderen wurden lediglich einzelne Wohnungen renoviert, so dass der Flair vergangener Zeit noch spürbar ist. Leider fehlt es oft an bewachten Parkmöglichkeiten und manchmal lassen Sicherheitsvorkehrungen zu wünschen übrig (veraltete Codeschlösser und/oder Gegensprechanlagen).

Die Wohnungsgröße reicht von 40 – 300 m², die Mietspanne von ca. 600 – 6000 $ im Monat je nach Größe und Renovierungsgrad.

7.2.5 Gebäude aus der Stalinzeit

Wegen ihrer guten Bausubstanz mit dicken Wänden, hohen Decken und hübschen Fassaden sind die 5- bis 10stöckigen Gebäude im „Stalin-Klassizismus“ beliebt. Sie sind über die ganze Stadt verstreut, liegen aber immer im oder nahe am Zentrum. Renovierte Wohnungen sind verfügbar. Sicherheitsmaßnahmen beschränken sich meist auf Gegensprechanlagen und Codeschlösser. Bei einigen Häusern sind ein Concierge oder ein Wachmann vorhanden.

Die Wohnungsgröße liegt zwischen 40 – 250 m², die Monatsmiete beträgt je nach Größe und Renovierungsgrad 500 – 5000 $.

7.2.6 Sonstige

Bei Ausländern und Russen gleichermaßen wenig beliebt sind die Gebäude aus der **Chruschtchew** und **Breschnew-Zeit**. Die möglichst schnelle Bekämpfung der Wohnungsnot ging zu Lasten der Bausubstanz. Elektroinstallationen sind dürftig und Wasserrohrbrüche keine Seltenheit. Die alten 5stöckigen Wohnblöcke haben keinen Lift und in den neueren Plattenbauten am Stadtrand sind die Aufzüge oft außer Betrieb. Wohnungen mit westleuropäischem Standard sind kaum zu finden und das Sicherheitsrisiko ist mangels geeigneter Vorkehrungen höher. Die Mietpreise sind entsprechend niedrig. Mittelgroße Wohnungen sind bereits für wenige 100 $ im Monat zu haben.

Denjenigen, die im Grünen leben möchten und die Ausländersiedlungen scheuen, bieten Immobilienmakler auch einzelstehende Landhäuser in den bevorzugten Datschen-Gebieten an (z. B. Serebryanij Bor, Peredelkino, Barvinkha, Nakhabino). Trotz aller Vorteile des Landlebens: Besonders in den Wintermonaten kann die Fahrt in die Stadt, zur Schule oder zum nächsten Einfkaufszentrum zur Belastung werden.

7.3 GlavUpDK-Wohnungen und Deutsches Wohngebiet

Zu Sowjetzeiten wurden Wohnungen an ausländische Diplomaten, Journalisten und die wenigen Geschäftsleute nur von der für die Betreuung des diplomatischen Corps zuständigen Dienststelle beim Außenministerium (GlavUpDK) vergeben. Nur noch dem Namen nach dem Ministerium zugeordnet, ist GlavUpDK heute eine große Immobilien-Holdinggesellschaft, die über 8.000 Wohnungen und 800 Büros verwaltet. Akkreditierte Firmen können nach wie vor UpDK-Wohnungen für ihre ausländischen Mitarbeiter mieten. Die Wohnungen liegen in den unterschiedlichsten Gebäudetypen vom Plattenbau bis zu westlichen Wohnkomplexen. Die Mieten sind niedriger als auf dem freien Markt. Abstriche sind in älteren Häusern z.T. bei Ausstattung und Renovierungszustand zu machen. Telefonische Anfragen bei GlavUpDK: (095) 245 85 94.

Wer gerne in einem rein deutschen Umfeld wohnen möchten, kann ins Deutsche Wohngebiet im Südwesten Moskaus am Prospekt Wernadskowo (nahe Metrostation Jugo-Sapadnaja) ziehen. Die Wohnhäuser gehörten früher zum Komplex der DDR-Botschaft. Seit Frühjahr 1999 können auf Antrag renovierte Wohnungen (ab 60 bis über 100 m²) gemietet werden. Das Angebot mag besonders für Familien mit Kindern interessant sein, da sich die Deutsche Schule und Kindergarten auf dem gleichen Terrain befinden. Die Ausstattung entspricht deutschen Standards, die Mieten sind für Moskauer Verhältnisse sehr günstig.

Kontaktadresse:

Deutsche Bau- und Grundstücks AG
Büro Moskau
Wohnungsverwaltung Wernadskowo
117526 Moskau
Tel. (095) 433 00 00
Fax (095) 433 12 86

7.4 Makler

Der Weg zur neuen Wohnung führt für die meisten über eine der vielen Maklerfirmen, die in jeder Ausgabe von *Moscow Times* und *Moscow Tribune* inserieren. Die Firmen haben ein großes Repertoire an Objekten in unterschiedlichen Preisklassen und Wohnlagen.
Für Besichtigungen stehen eigene Fahrzeuge und Englisch sprechendes Personal zur Verfügung. Es lohnt sich, mehrere Firmen einzuschalten, um ein möglichst große Auswahl

zu haben. Neben der reinen Vermittlungstätigkeit bieten viele Firmen juristische Beratung beim Abschluß des Mietvertrages und Renovierungsdienste an. Die Maklercourtage beträgt in der Regel eine Monatsmiete.

Nachfolgend sind einige Agenturen aufgelistet. Weitere Adressen können dem *Moscow* bzw. *St. Peterburg Business Guide* und *Travellers' Yellow Pages* entnommen werden.

- Blackwood Real Estate Company, Tel. (095) 915 40 00
- Delight Real Estate, Tel. (095) 926 4222
- Hines, Tel. (095) 785 05 00
- Home Sweet Home, Tel. (095) 246 08 28
- Miel, Tel. (095) 797 42 77
- Penny Lane Realty, Tel. (095) 232 0099
- Pulford Enterprises Ltd., Tel. (095) 232 31 58

Wohnungen am unteren Ende der Mietskala werden in *Is Ruk v Ruki* (ИЗ РУК В РУКИ - von Hand zu Hand) inseriert. Dieses Anzeigenblatt kann man für derzeit 13 Rubel an vielen Zeitungsständen in Metrostationen, Ladenpassagen und auf der Straße kaufen. Unzählige kleine Immobilienfirmen und Privatleute bieten Immobilien nach Wohnlagen und Größen sortiert an. Am besten läßt man sich von einem russischen Bekannten begleiten, wenn die eigenen Sprachkenntnisse nicht ausreichen. Falls Sie sich alleine auf den Weg machen, sollten Sie als kleine Vorsichtsmaßnahme bei Freunden oder Kollegen die Adresse hinterlassen.

7.5 Ausstattung, Renovierungsgrad und Sicherheitsvorkehrungen

In Immobilienanzeigen erscheinen oft die Ausdrücke „Western", „Western Renovation" oder „Euroremont". Eine solche „westliche" Wohnung sollte über folgende Ausstattung verfügen: renovierte Böden (Teppichboden oder Parkett), neue Fenster, regulierbare Heizkörper, hell gestrichene Wände, importierte Einbauküche (zumeist mit Kühlschrank/Gefrierschrank, Herd, Microwelle, Waschmaschine/Trockner, Geschirrspüler), Satelliten-TV, digitales Telefonsystem, elektrischer Heißwasser-Boiler. Als zusätzliche Finessen werden zuweilen Klimaanlage, Sauna, Jacuzzi und offener Kamin aufgeführt. Letztere schlagen sich nicht unerheblich im Preis nieder. Die Wohnungen werden möbliert und unmöbliert vermietet. In möblierten Wohnungen konkurrieren oft verschiedene Stilrichtungen miteinander, besonders wenn die Immobilie einem „Neuen Russen" gehört. Auch wenn alles gut und vor allem teuer ist: Ein Louis-XVI-Eßzimmer inklusive Bärenfell auf italienischem Marmor kombiniert mit einer knallroten Lackküche ist nicht jedermanns Sache. Für Sicherheit sorgen neben Stahltür, einer Gegensprechanlage (häufig mit Bildschirm) und/oder modernen Code-Schlössern, ein Concierge oder Wachpersonal. Ebenso sollte ein bewachter Parkplatz zum Standard gehören.

Oben beschriebene Apartments sind privatisiert und werden von ihren russischen Eigentümern oder russischen bzw. internationalen Immobilienfirmen vermietet.

Wohnungen mit „russischer Renovierung" haben einen niedrigeren Standard: Die Böden sind renoviert (Teppichboden oder Parkett), oft sind jedoch noch alte Fenster (doppelte Scheiben mit Holzrahmen) vorhanden und die Heizkörper sind nicht immer regulierbar. Die Einbauküche ist importiert oder russisch. Zum Standard gehören Fernseh- und Telefonanschluss, elektrischer Heißwasser-Boiler. Geschirrspüler, Waschmaschine und Satelliten-TV gehören dagegen zur Zusatzausstattung. Oft sind diese Wohnungen bereits russisch eingerichtet, zumeist mit sehr vielen und sehr dunklen Möbeln. Inwieweit diese Möbel übernommen werden, ist Verhandlungssache mit dem Vermieter.

Sicherheitsvorkehrungen beschränken sich zumeist auf Stahltür, Codeschlösser und/oder Gegensprechanlagen.

Diese Wohnungen sind privatisiert und werden von ihren russischen Besitzern vermietet.

Sie werden sich jetzt vielleicht fragen, ob man den ganzen Schnickschnack eigentlich braucht. Auf die eigene Sauna kann man getrost verzichten, aber bestimmte Extras machen durchaus Sinn:

- Das Risiko, dass in die Wohnung eingebrochen wird, ist in russischen Großstädten nicht größer als in anderen Metropolen. Durch gewisse Vorkehrungen fühlt man sich jedoch einfach sicherer. Zumindest sollte der Hauseingang Unbefugten nicht frei zugänglich sein. Code-Schlösser älteren Datums lassen sich nicht nur durch die Eingabe der richtigen Zahlenkombination sondern oft auch durch heftiges Hämmern auf alle Tasten öffnen (selbst ausprobiert). Besseren Schutz bieten moderne elektronische Gegensprechanlagen mit Bildschirmen. Noch besser ist natürlich ein Concierge im Hauseingang. Diese Funktion wird meist von Damen und Herren älteren Semesters wahrgenommen, die ein wachsames Auge auf alle haben, die aus- und eingehen (und auf alles, was sonst noch im Haus vor sich geht). Beeindruckender wirkt ein Wachmann in Uniform.
- Das Öffnen russischer Stahltüren zur Sicherung des Wohnungseingangs stellt nicht nur potentielle Einbrecher vor eine schwierige Aufgabe. Ein vertrautes Bild in russischen Hausfluren sind fluchende Menschen, die in trübem Licht mit den verschiedenen nacheinander oder gleichzeitig zu betätigenden Schlössern kämpfen. Achten Sie auf eine einfache Bedienung.
- Wenn Ihnen Ihr Auto am Herzen liegt, ist ein bewachter Parkplatz ein Muss, denn Diebstähle und Vandalismus sind an der Tagesordnung. Bei vielen Häusern kann man das Auto im Innenhof abstellen. Auf kostenpflichtigen Parkplätzen können auch Dauerstellplätze gemietet werden. Das kostet nicht viel Geld, aber besonders im Zentrum sind diese Plätze dünn gesät.
- Jährlich wird im Sommer für 4 Wochen die zentrale Heißwasserversorgung wegen Reparatur- und Reinigungsarbeiten unterbrochen. Ein zusätzlicher elektrischer Boiler ist deswegen kein Luxus, wenn man nicht auf warmes Duschen verzichten will.
- Doppel-Verglasung in Russland heißt zumeist: 2 hintereinander liegende, separat zu öffnende Fenster. Ältere Versionen mit porösen Holzrahmen sind zugig. In den Wintermonaten bleibt dann nichts anderes übrig, als die eindringende Kälte mit vielen Metern Isolierband zu bekämpfen, was wiederum die Lüftungsmöglichkeiten sehr einschränkt.
- Die Heizkraftwerke richten ihre Leistung eher nach dem Kalenderdatum als nach den Außentemperaturen aus. So wird die Heizung meist Ende September ein- und Anfang Mai wieder ausgeschaltet. Im Winter wird Ihnen im wahrsten Sinne des Wortes kräftig eingeheizt. Mieter, die keine Thermostate an den Heizkörpern haben, erkennt man immer daran, dass sie bei auch bei Außentemperaturen von - 30 °C Gäste in kurzen Hosen und T-Shirt empfangen.

7.6 Der leidige *Podjesd* und was man sonst noch beachten sollte!

Bei der Wohnungssuche wird man auf etliche Objekte stoßen, in die man am liebsten gleich einziehen möchte, so hübsch und ansprechend sind sie renoviert. Wäre da nicht der ***Podjesd*** (Hauseingang), für dessen Sauber- und Instandhaltung sich keiner verantwortlich zu fühlen scheint. So betritt man Häuser zumeist durch einen trüb beleuchteten, in grüner Ölfarbe gestrichenen Hausflur mit demolierten Briefkästen. Üble Gerüche schlagen einem entgegen, weil z. B. der Dackel aus dem 3. Stock je nach Wetterlage nicht nur auf der Straße Gassi geführt wird. Dann quält man sich durch ein düsteres Treppenhaus mit abgebrochenen und fehlenden Stufen nach oben, da der Lift wenig vertrauenerweckend aussieht. Insbesondere in älteren Gebäuden stammt letzterer häufig aus den Gründerjahren der Aufzugtechnik. In Russland existieren sie noch, die Fahrstühle mit eisernen Schiebegittern als Zugang, die man sonst nur aus alten Filmen kennt. Auch wenn Ihnen Makler und Vermieter hundertmal versichern, daß die alten Aufzüge am zuverlässigsten sind und derjenige im Haus schon seit Jahren nicht mehr steckengeblieben ist, eine gewisse Vorsicht ist angebracht.

Der Grund für die Verwahrlosung liegt wohl darin, dass zur Sowjetzeit Hauseingänge und Treppenhäuser öffentliches Terrain darstellten. Seit mit dem Einzug des Kapitalismus die Kriminalitätsrate gestiegen ist, und dem ungehinderten Zugang durch Sicherheitsmaßnahmen Einhalt geboten werden muss, wächst langsam ein gemeinsames Verantwortungsgefühl der Bewohner für diesen Bereich heran. Dies besonders dann, wenn man in seine Privatwohnung hohe Renovierungskosten gesteckt hat und sie gewinnbringend vermieten will. Bis der typische *Podjesd* endgültig der Vergangenheit angehört, gilt die Devise „Augen zu und durch“.

So toll auf den ersten Blick die Wohnung ausgestattet ist, lassen sie sich beim Besichtigungstermin vorführen, ob alle Geräte ggf. auch gleichzeitig funktionieren. Russische **Elektroinstallationen** sind – falls nicht komplett erneuert – dem Kilowatt fressenden Maschinenpark eines westlichen Haushaltes nicht immer gewachsen.

Hausmüll wird in Russland bislang nicht getrennt und in allen Wohnungen durch mehr oder weniger hygienische Müllschlucker entsorgt. Überall auf der Welt sind Müllschlucker eine beliebte Brutstätte für Ungeziefer. Es ist deswegen ratsam, bereits bei Wohnungsbesichtigungen auf **Kakerlaken-Befall** zu achten. Russische Bekannte schwören auf recht kuriose Bekämpfungsmethoden, z. B. Papierschnipsel bestrichen mit Kräuterpasten nach Großmutters Geheimrezept, die in Küche und Bad verteilt werden. Ansonsten sollen amerikanische Kakerlaken-Fallen, die man hinter die Schränke klebt, sehr effektiv sein. In *Traveller's Yellow Pages* inserieren zahlreiche Kammerjäger, die der Ungezieferplage mit (angeblich für Mensch und Tier unschädlichen) Chemikalien zu Leibe rücken. Zur Beruhigung sei gesagt, das die russische Abart im internationalen Vergleich wahrscheinlich klimabedingt recht klein ausfällt.

Überquellende Mülltonnen sieht man im Moskauer Straßenbild selten. Die Müllabfuhr arbeitet erstaunlich zuverlässig.

7.7 Miete und Nebenkosten

Neben der Miete zu zahlende Nebenkosten sind sehr gering. Wohnt man in einem moderenen westlichen Komplex, wird im Regelfall die Monatsmiete inklusive aller Nebenkosten (außer Telefongebühren für Gespräche über die Stadtgrenze hinaus und für internationale Gespräche – siehe dazu auch Kapitel 10 „Medien und Kommunikation“) an den Vermieter, z.B. die zuständige Immobiliengesellschaft, überwiesen.

In anderen Häusern sind neben der Miete folgenden Kosten monatlich zu begleichen:

- Strom
- Evtl. Gas
- Heizung und Heißwasser
- Telefongrundgebühr

Die nachfolgende Darstellung geht von der für ein durchschnittliches russisches Wohnhaus üblichen Variante aus, denn das ist die aufwendigste. Je nachdem, wo Sie wohnen, finden

Sie eine vereinfachte Regelung vor, z. B. sind einige Nebenkosten bereits in der Miete eingeschlossen.

7.7.1 Mietzahlungen

Falls mit dem Vermieter nichts anderes vereinbart wurde, ist die Monatsmiete an die zuständige **REU** (РЗУ - РЕМОНТНО-ЭКСПЛУАТАЦИОННОЕ УПРАВЛЕНИЕ) zu überweisen. Die REU ist eine Verwaltungsstelle, die für den Betrieb und die Instandhaltung einer gewissen Anzahl von Häusern zuständig ist.

Die Miete ist monatlich bei einer **Sberbank** (СБЕРБАНК) einzuzahlen. Die Zahlung wird in einem vorgedruckten Rechnungsbuch quittiert, das Ihnen der Vermieter bei Bezug aushändigen muss. Die Miete enthält die Gebühr für Müllabfuhr und ggf. Radio- und Fernsehgebühren, wenn eine Hausantenne vorhanden ist. Mietvorauszahlungen für mehrere Monate sind möglich.

7.7.2 Nebenkosten

Für die Bezahlung von Heizung/Heißwasser, Strom, Gas und Telefongrundgebühr erhalten Sie vom Vermieter je ein separates Rechnungsbuch. Ein- bis zweimal im Jahr werden neue Rechnungsbücher von den Betreibergesellschaften kostenlos in ihren Briefkasten eingeworfen mit einer Ausnahme: Falls Ihr Rechnungsbuch für die Telefongrundgebühr langsam voll wird, müssen sie ein neues bei der zuständigen Telefonstation (ТЕЛЕФОННЫИ УЗЕЛ) abholen. Fragen Sie Ihren Vermieter oder Nachbarn nach der Adresse.

Die Nebenkosten zahlen Sie ebenfalls bei einer **Sberbank** ein. Dort hängen auch die verschiedenen Gebührenlisten aus.

Ihren **Strom** müssen Sie jeden Monat selbst ablesen und die verbrauchten KW-Stunden im Rechnungsbuch eintragen. Bei Sberbank wird anhand der derzeit gültigen Gebührenliste der zu zahlende Betrag errechnet (unterschiedliche Preise pro KW-Stunde hängen z. B. vom Vorhandensein eines Elektroherdes ab) und die Zahlung im Rechnungsbuch quittiert. Die KW-Stunde kostet zur Zeit 30 Kopeken mit E-Herd, ohne E-Herd noch weniger. Die Tarife bewegen sich damit auf indischem Niveau und sind achtmal niedriger als in Deutschland. Kein Wunder, dass Russen Strom großzügig verbrauchen. Sie werden feststellen, dass bei einigen Ihrer Nachbarn die ganze Nacht die Wohnung hell erleuchtet ist. Eine Kontrolle der Zählerstände durch die Betreibergesellschaft *MosEnergo* (МОСЭНЕРГО) soll angeblich sporadisch stattfinden.

In manchen Wohnungen liegen **Gas**anschlüsse für den Herd. Zuweilen erfolgt auch die Heißwasserversorgung über Gasdurchlauferhitzer und nicht über die zentrale städtische Heißwasserversorgung. Die monatliche Pauschalgebühr richtet sich nicht nach dem Verbrauch, sondern nach der Zahl der Menschen, die in der Wohnung leben. Die Zahlung erfolgt wie für Strom mit dem entsprechenden Rechnungsbuch bei der nächsten Sberbank. Vorauszahlungen sind möglich. Zuständige Betreibergesellschaft ist *MosGas* (МОСГАЗ).

Die Wohnungen werden mit Fernwärme geheizt. Der monatlich zu zahlende Pauschalbetrag für **Heizung** hängt von der Wohnungsgröße ab. Ein verbrauchsunabhängiger Festbetrag für Heißwasser (je nach der Personenzahl im Haushalt) wird aufgeschlagen, falls die Heißwasserversorgung nicht über einen Gasboiler erfolgt. Die Versorgung mit kaltem Wasser ist für alle frei. Die Zahlung und Quittierung erfolgt wiederum mit dem entsprechenden Rechnungsbuch bei Sberbank.

Bei Zahlungsverzug liegt die Toleranzschwelle der Energiebetreiber bis zum Ergreifen von Sanktionen sehr viel höher als in westeuropäischen Ländern. Es sind bislang keine Fälle bekannt, daß Expatriats nach einem langen Heimaturlaub ihre Wohnung von Strom und Wasser abgetrennt vorfanden.

Die **Telefongrundgebühr** ist bis zum 10. eines Monat für den Vormonat zu entrichten. Die Einzahlung erfolgt ebenfalls mit dem dazugehörigen Rechnungsbuch bei Sberbank. Vorauszahlungen sind möglich. Für internationale Gespräche und Gespräche über die Stadtgrenze hinaus erhalten Sie eine separate Rechnung per Post, die dann ebenfalls bei Sberbank zu begleichen ist. Im übrigen ist es ratsam, Telefonrechnungen fristgerecht zu zahlen, da die Leitung ansonsten gnadenlos abgeklemmt wird und der Wiederanschluss mit viel Aufwand verbunden ist (zuständig dafür ist die Telefonstation). Die Telefongrundgebühr beträgt zur Zeit 30 Rubel. Eine geringere Gebühr wird für gemeinsame Anschlüsse erhoben: In einigen russischen Häusern kann es vorkommen, dass sich zwei Mieter einen Anschluss teilen. Jeder hat dann zwar eine eigene Nummer für seine Nebenstelle, aber wenn einer telefoniert, ist für den anderen die Leitung besetzt. Um im Notfall zu wissen, an welche Tür man pochen muss, um eine freie Leitung zu bekommen, ist es wichtig, bei der Telefonstation herauszufinden, mit wem man einen Anschluss teilt. Dies muss nicht der direkte Wohnungsnachbar sein.

Manchmal bieten auch die Vermieter an, das Geld für die festen Nebenkosten bei allen Mietern einzusammeln und selbst einzuzahlen.

7.8 Was tun, wenn etwas kaputt ist?

Westliche Komplexe werben gerne mit einem hauseigenen Handwerkerservice und in UpDK-Häusern kümmert sich in der Regel eine Wohnungsverwaltung um Reparaturen. In Notfällen ist rund um die Uhr jemand erreichbar. Dies ist eine nicht zu unterschätzende Annehmlichkeit, denn auf eigene Faust schnell einen guten Handwerker zu finden, ist eine Herausforderung.

Falls Sie Ihren Vermieter nicht erreichen können, weil er sich gerade mit Ihrer Miete ein schönes Leben am Mittelmeer macht, können Sie sich bei Reparaturen an die **REU** wenden. Erfragen Sie die Telefonnummer des Reparaturdienstes bei Vermieter oder Nachbarn. Die REU ist zuständig, wenn z. B. der Aufzug oder das Licht im Treppenhaus nicht funktioniert, aber auch bei allen Problemen mit Heizung, Strom, Wasser, Sanitäranlagen und kaputten Schlössern. Am Telefon ist das Problem möglichst genau zu spezifieren. Der Schichtdienstleiter/Dispatcher (ДИСПЕТЧЕР) sagt Ihnen, was der Service kosten wird und Sie können dann entscheiden, ob der Handwerker (МАСТЕР) die Reparatur ausführen soll. Weniger detailliert wird die Information ausfallen, wann der Klempner oder Elektriker kommt (z.B. im Laufe des Tages, morgen, übermorgen). Wenn Sie Ihrer Verzweiflung möglichst wortreich Ausdruck verleihen (z. B. muss dringend zur Arbeit, Kinder krank, Ehemann droht mit Scheidung) lässt sich der Dispatcher zuweilen erweichen, einen genaueren Termin zu nennen. Ob dieser letztlich auch eingehalten wird, ist Glücksache. Der Rechnungsbetrag ist dem Handwerker bar in Rubeln zu zahlen.

Bei einem **akuten Notfall** (z.B. Wasserrohrbruch, totaler Stromausfall) bitten Sie am besten russische Nachbarn oder Bekannte um Hilfe, wenn die eigenen Sprachkenntnisse nicht ausreichen, um auf die Dringlichkeit aufmerksam zu machen. Solche „Katastrophen“ kommen glücklicherweise selten vor.

Bei allen **Problemen mit Gas** ist MosGas zuständig. Lassen Sie sich die Telefonnummer des zuständigen Notfalldienstes in Ihrem Wohngebiet vom Vermieter geben und nehmen Sie sie in Ihre Notrufliste auf. Undichte Gasleitungen waren in der Vergangenheit immer mal wieder Ursache für Explosionen und Hausbrände.

Bei **Störungen des Telefons** muss man sich direkt an die zuständige Telefonstation wenden.

Zuweilen können auch Nachbarn und Kollegen einen zuverlässigen Elektriker, Klempner oder Maler empfehlen. Handwerksarbeiten werden nicht unbedingt mit deutscher Gründlichkeit, aber dafür mit erstaunlicher Kreativität und Geduld ausgeführt, so daß am Ende (fast) alles wieder funktioniert. Dabei werden Kabel schon mal auf dem kürzesten Weg verlegt, bei der Verwendung von Schrauben, Dübeln und Nägeln nicht immer auf die Optik und bei Malerarbeiten nicht immer auf die sorgfältige Abdeckung herumstehender Möbelstücke geachtet. Es ist von Vorteil, insbesondere bei größeren Renovierungsarbeiten (PEMOHT), selbst anwesend zu sein.

7.9 Haushaltshilfen

Viele russische Frauen suchen eine Beschäftigung in einem Expatriat-Haushalt als Putzfrau, Babysitter oder Kindermädchen - oft aus einer wirtschaftlichen Notlage heraus oder einfach, weil die Arbeit besser bezahlt wird als ein Job im öffentlichen Dienst oder bei einer Privatfirma. Sie verfügen nicht selten über eine sehr gute (z. T. sogar akademische) Berufsausbildung. Viele Kindermädchen haben eine pädagogische Hochschulbildung.

Bevor man auf eine Zeitungsanzeige antwortet, sollte man auf Empfehlungen von Kollegen und Freunden zurückgreifen. Oft können deren Haushaltshilfen eine vertrauenswürdige Bekannte vermitteln. Manchmal hilft bereits ein Blick auf das „Schwarze Brett" in Ihrem Wohnhaus. Ausländer, die das Land verlassen, empfehlen zuverlässige Angestellte gerne weiter. Jobsuchende mit Referenzen inserieren auch regelmäßig in der Hauspostille der Deutschen Botschaft (siehe Kapitel 11 „Deutschsprachige Einrichtungen").

Schriftliche Arbeitsverträge werden nicht geschlossen und die Bezahlung ist Verhandlungssache. Eine **Reinemachefrau** kümmert sich ums Saubermachen und Bügeln. Zusätzliche Tätigkeiten, z. B. Einkaufen und Kochen, sind eine Sache der Absprache. Der Durchschnittslohn beträgt 100 – 150 $ im Monat bei einer Arbeitszeit von je 4 – 5 Stunden zweimal die Woche. Der Stundenlohn für einen **Babysitter** liegt bei ca. 5 $ pro Stunde. Gegebenenfalls ist Taxigeld zu zahlen, denn nach Mitternacht ist die Heimfahrt mit öffentlichen Verkehrsmitteln schwierig. **Kindermädchen** verdienen bei einer 40-Stunden-Woche ca. 400 – 500 $ im Monat, je nachdem ob auch zusätzlich Hausarbeit erledigt wird. Die Auszahlung erfolgt bar in Dollar oder DM.

8 Sprachkurse vor Ort

Vor Ort bieten sich gute Möglichkeiten, Russisch zu lernen oder bereits in Deutschland erworbene Kenntnisse zu erweitern. Mit intensivem Unterricht ist man binnen einiger Monate in der Lage, mit russischen Kollegen, Nachbarn oder der Marktfrau zu plaudern – und das macht das Leben in Russland interessanter und spannender. Um irgendwann einmal Tolstoi im Original zu lesen oder auch nur eine russische Zeitung, muss man deutlich mehr Zeit und Mühe investieren. Die Sprache ist wortreich, die Grammatik komplex und die korrekte Aussprache für deutsche Zungen nicht ganz einfach.

Unterricht ist in den unterschiedlichsten Formen möglich:

- In *Moscow* und *St. Petersburg Times* sowie der *Hauspostille der Deutschen Botschaft* inserieren viele **Privatlehrer**. Falls Sie nicht auf Empfehlungen von Kollegen oder Bekannten zurückgreifen können, fragen Sie nach Referenzen. Viele Lehrer verfügen über ein großartiges Wissen, tun sich jedoch schwer, den Unterricht praxisnah zu gestalten. Sie brechen regelmäßig in Entzücken aus, wenn Sie einen Puschkin-Vers phonetisch einwandfrei vortragen können, das damit vermittelte Vokabular ist jedoch nur begrenzt alltagstauglich. 90 Minuten Einzelunterricht kosten ab 10 $. Die Lehrer kommen gerne zu Ihnen nach Hause oder ins Büro und bevorzugen Bezahlung in Hartwährung.

- Das russische Pendant zum deutschen Goethe Institut ist das **Pushkin-Institut für Russische Sprache**. Die Ausstattung der Unterrichtsräume ist nicht gerade luxuriös, mitunter besteht ein Defizit an Kreide, und die Heizung ist dem russischen Winter nicht immer gewachsen. Der Zustand der sanitären Einrichtungen wird Ihren Getränkekonsum minimieren, und auch die Kantine ist eher für robuste Gemüter und Mägen geeignet. Das Lehrmaterial entspricht der langen Tradition des Instituts und wurde seit Jahren nicht überarbeitet. Davon sollten Sie sich jedoch nicht abschrecken lasse, denn trotz allem ist der Unterricht sehr effektiv und praxisorientiert. Nicht zuletzt durch das starke Engagement Lehrkräfte lernt man schnell und mit Spaß. Unterrichtet wird in internationalen Gruppen mit maximal 10 Teilnehmern (4x die Woche jeweils 6 Schulstunden). Die Lehrer sind Muttersprachler und halten den Unterricht von der ersten Stunde an nur in Russisch ab.

  Angeboten wird ein zehnmonatiger Grundkurs beginnend im September. Wenn Sie Vorkenntnisse mitbringen, ist ein späteres Einsteigen möglich. Vermittelt wird mehr als nur Basiswissen, nach Abschluss des Kurses beherrschen Sie die grammatischen Regeln und können sich flüssig unterhalten. Ergänzt wird der Unterricht durch meist kostenlose Ausflüge. Der Kurs endet mit einer Zertifikatsprüfung. Die Gebühr beträgt ab 250 $ im Monat (zu zahlen in Rubeln). An den Grundkurs anschließend wird weiterführender Unterricht angeboten, allerdings in stark spezialisierten Fachrichtungen (z.B. Literatur, Wirtschaft). Auch Sommer-Intensivkurse werden abgehalten. Auf Wunsch ist Unterkunft im angegliederten Studentenwohnheim möglich. Sie erhalten einen Studentenausweis, mit dem Sie ermäßigte Monatsfahrkarten und Eintrittskarten für Museen kaufen können.

  Pushkin Institut für Russische Sprache
  ИНСТИТУТ РУССКОГО ЯЗЫКА ИМ. А.С. РУШКИНА
  Uliza Volgina 6
  117485 Moskau

  Tel. (095) 335 0377, 330 8929, 335 0811
  Fax (095) 330 8565
  E-mail: ruslang@online.ru

Metrostation „Jugo-Sapadnaja“, von dort mit Bus Nr. 226 oder Metrostation „Kalushskaja“ und von dort mit Bus Nr. 226 oder 295.

- Die **Moskauer Lomonossow-Universität (MGU)** bietet Sprachkurse für alle Niveaus an. Sie genießen einen guten Ruf genießen. Es kann zwischen Gruppen- (3 bis 6 Schüler) und Einzelunterrricht gewählt werden. Das Programm wird aus Komponenten (Grammatik, Konversation, Phonetik etc.) individuell nach Ihren Wünschen zusammengestellt. Auch Sonderkurse (z. B. für Journalisten oder Diplomaten) werden angeboten. Ein Intensivkurs von 20 Stunden pro Woche kostet 140 $/Woche, im Einzelunterricht 160 $/Woche. Auf Wunsch ist Unterkunft im angegliederten Studentenwohnheim möglich. Die Kurse schließen mit einer Zertifikatsprüfung ab. Auch von der MGU erhalten Sie einen Studentenausweis.

  Auskünfte in englischer Sprache:

  MGU
  International Russian Language Course fo the Philological Faculty of MGU
  Direktor: Jewgeni Kornejew
  Tel./Fax: (095) 939 3017

- Das **Landesspracheninstitut NRW – Russicum** – in Bochum (Adresse siehe Kapitel 1 „Ausreisevorbereitungen“) bietet einmal jährlich je einen zweiwöchigen Russischkurs für Anfänger und Fortgeschrittene an der Deutschen Schule in Moskau (nahe der Metrostation „Jugo-Sapadnaja“) an. Unterrichtet wird von montags bis freitags 4 Stunden am Vormittag in Gruppen mit maximal 8 Teilnehmern. Die Kursgebühr beträgt 1.200 DM.

- In *Moscow/St.Petersburg Times*, *Traveller's Yellow Pages* und *Moscow/St. Petersburg Business Guide* inserieren unzählige **kommerzielle Sprachschulen** (z.B. Elis, LeCref, Marchi-Intensiv, MGMIO), die Russischkurse für Anfänger und Fortgeschrittene anbieten. Falls Ihnen die Schule nicht konkret empfohlen wurde, sollten Sie sich Referenzen geben lassen, denn die Kurse sind relativ teuer.

  Sehr gute Erfolge erzielen Schüler der **Multi Lingua International School**. Die Schule geht stark auf Ihre Wünsche ein und vermittelt neben einem soliden Basiswissen auch Spezialkenntnisse, z. B. das Fachvokabular Ihres Berufes). Die Stundenzahl kann individuell abgesprochen werden, Deutsch sprechende Lehrkräfte stehen zur Verfügung. Die Firma besitzt renovierte Räume im Puschkin-Institut, unterrichtet aber auch zu Hause oder in Ihrem Büro. Als Besonderheit bietet Multi Lingua einen „Russian Survival Course“, in dem Kenntnisse für das tägliche Leben vermittelt werden. Dazu gehört auch, dass Lehrer und Schüler gemeinsam auf den Markt gehen oder Metro fahren. 90 Minuten Einzelunterricht kosten 50 $, Gruppenunterricht ab $ 20. Abgerundet wird das Programm durch Exkursionen. Wer die Möglichkeit hat, dem sei Multi Lingua auch als **Vorbereitungskurs** in Moskau vor der eigentlichen Ausreise empfohlen. Fort von beruflichen und familiären Verpflichtungen kann man sich intensiv der Sprache widmen. Auf Wunsch wird Unterbringung bei einer russischen Gastfamilie organisiert (ab 34 $ pro Tag/Halbpension)

  Auskünfte in englischer Sprache:

  Multi Lingua International School
  Valeria Averina
  Uliza Volgina 6
  Tel. (095) 743 1868
  Fax (095) 292 6511 (z. Hd. Box 775)
  E-mail: mllingua@aha.ru

Wer an einem Grammatikproblem verzweifelt oder sich über die Schreibweise und Betonung eines Wortes unschlüssig ist, findet wochentags von 10.00 bis 18.00 h professionelle Hilfe bei der **Hotline des Instituts für Russische Sprache: Telefon 202 6543**.

9 Gesundheit

9.1 Umwelt, klimatische Besonderheiten und Trinkwasser

Die Umweltverschmutzung in russischen Großstädten kann zu körperlichen Belastungen führen. In Moskau ist die Luft durch ungefilterte Industrie- und Autoabgase stark verpestet, was besonders bei Inversionswetterlage im Winter zu Atemnot führen kann. Asthmatiker und Menschen mit Bronchialbeschwerden sollten Überanstrengungen vermeiden und gegebenenfalls notwendige Medikamente bereithalten. Kontaktlinsenträgern wird geraten, zur Entlastung der Augen hin und wieder eine Brille zu tragen.

Was in Russland hier und da an Sondermüll und Giften im Boden lagert, weiß zumindest die interessierte und besorgte Öffentlichkeit nicht so genau. Bekannt ist in Einzelfällen eine gesundheitsschädliche Konzentration von Formaldehyd und Phenol in Wohnhäusern aus den 60er bis 80er Jahren. Die Leute laufen mittlerweile nicht mehr wie nach Tschnernobyl mit Geigerzählern über die Obst- und Gemüsemärkte. Pilze und Beeren sollte man dennoch wegen der allgemeinen Schadstoffbelastung nicht im Übermaß konsumieren.

Wegen des Kontinentalklimas halten sich Wetterlagen – gute wie schlechte – stabil über längere Zeit. Wenn dann Wetterumschwünge einsetzen, steigen und fallen die Temperaturen binnen kürzester Zeit drastisch, was für einen empfindlichen Kreislauf belastend ist.

Die Sonneneinstrahlung im Sommer ist extrem stark. Man sollte daher die Haut entsprechend schützen. Ozonwerte werden im übrigen nicht veröffentlicht. Gewarnt sei vor Stechmücken: Sie schaffen problemlos den Weg auch in den 14. Stock und sind an lauen Sommertagen eine wahre Plage. Gegebenenfalls empfiehlt sich das Anbringen von Moskitonetzen. Hält man sich abends oder nachts im Freien in Wassernähe auf, wird man ohne Schutzlotion quasi aufgefressen.

Während der extremen Winterkälte ist das Tragen einer Kopfbedeckung unerlässlich. Am besten kleidet man sich nach dem „Zwiebelprinzip“, eine der Temperatur angepasste Anzahl von warmen Bekleidungsschichten. Empfehlenswert sind Vliesjacken oder -pullis unter der Winterjacke. Sie bieten einen guten Kälteschutz. Wenn man sich bei sehr tiefen Temperaturen länger im Freien aufhält, ist besonders bei Kindern auf mögliche Erfrierungen im Gesicht zu achten (kleine weiße Flecken, die bei Raumtemperaturen wie Brandwunden schmerzen und hässliche Narben hinterlassen). Das trockene Klima ist für die Haut belastend und entsprechende Pflege daher wichtig. **Elektrische Luftbefeuchter** (in Elektroläden auch vor Ort erhältlich) sorgen für einen Ausgleich in den eigenen vier Wänden.

Das **Leitungswasser** in Moskau hat offiziell Trinkwasserqualität, ist jedoch sehr stark gechlort und oft recht trübe. Zum Zähneputzen ist es geeignet, vor sonstiger Verwendung sollte es zumindest gefiltert und abgekocht werden. Die üblichen Haushaltsfilter entfernen Chlorrückstände, sind gegen viele Schadstoffe, z. B. Schwermetalle, jedoch machtlos. Filter, z. B. der Marke Brita, und Ersatzkartuschen sind mittlerweile in vielen Supermärkten und Haushaltswarengeschäften erhältlich, die Preise liegen etwas höher als in Deutschland. Sicherer als die Verwendung von Filtern ist, auf Trinkwasser in Flaschen oder Kanistern zurückzugreifen (erhältlich in allen Supermärkten). Folgende Firmen in Moskau liefern Trinkwasser in 19-Liter-Ballons ins Haus:

King Water (ca. $ 7,90/19 l): Tel. (095) 937 50 15, Fax (095) 937 50 16
Clear Water (ca. $ 9,50/19 l): Tel. (095) 234 32 32, Fax (095) 956 98 78

Entsprechende Spender - auch mit Kühl- oder Heizfunktion – können gekauft oder gemietet werden.

In St. Petersburg ist die Qualität des Leitungswassers wegen hoher Schwermetall- und Bakterienbelastung sehr schlecht, so dass vor dem Konsum gewarnt wird. Trinkwasser liefert:

Clear Water: Tel. (812) 327 99 06, 327 99 07

9.2 Medizinische Einrichtungen

Viele russische Krankenhäuser und ambulante Polikliniken haben nicht die finanziellen Mittel, medizinische Versorgung nach westlichem Standard zu gewährleisten, so gut die Ärzte auch ausgebildet sein mögen. Zudem kann die Sprachbarriere die Behandlung erschweren. In Moskau kann man in westlichen Kliniken und Ambulanzen Hilfe suchen, die über gut ausgebildetes Personal und eine sehr gute Ausstattung verfügen. Größere Operationen und Entbindungen sollte man dennoch in Deutschland ausführen lassen, vor allem wenn Komplikationen zu erwarten sind. Westliche Einrichtungen sind stark kommerziell orientiert und die Behandlungspreise entsprechend hoch. Für die Versorgung einer kleineren Schnittwunde werden schon mal 300 $ berechnet, begleitet von der lakonischen Bemerkung „Zeit sei der beste Doktor“ (der billigste im übrigen auch). Unnötige Behandlungen sollen auch schon vorgekommen sein. Dafür werden Kreditkarten bereitwillig akzeptiert. In jedem Fall kann eine zahlungswillige Auslandskrankenversicherung nicht schaden. Neben Russisch wird Englisch, zuweilen auch Französisch und Deutsch gesprochen.

Folgende medizinische Einrichtungen werden in Moskau empfohlen:

- **Ambulante Versorgung**		
European Medical Center EMC russisch, englisch, französisch, deutsch	2. Tverskoj-Yamskoj Pereulok 10 Nahe Metro „Majakowskaja“ Tel. 956 79 99, 250 55 23 Fax 251 60 99	**24-Stunden-Bereitschaft** Allgemeinmediziner, Gynäkologie, Geburtshilfe, Hautärzte, Hals-Nasen-Ohren-Ärzte, Augenärzte, Pädiatrie, Impfungen
American Medical Center AMC russisch, englisch, französisch, deutsch	Grokholshij Pereulok 1 Nähe Metro „Prospekt Mira“ (Ringlinie) Tel. 933 77 00 Fax 933 77 01 Website: www.amcenters.com	**24-Stunden-Notfalldienst** Mo-Fr: 8.00 – 20.00 h Sa/So: 9.00 – 17.00 h Alle medizinischen Behandlungen
Athens Medical Center „Euromedical Club“ (Mitschurinskij Krankenhaus) russisch, englisch	Mitschurinskij Prospekt 6 Metro „Leninskij Prospekt“, ab dort Bus 58, Tel. 143 25 03, 147 94 10 143 23 87 (englisch) Fax 147 91 21	**24-Stunden-Notfalldienst** Mo-Sa: 9.00 – 18.00 h Alle medizinischen Behandlungen, Physiotherapie, Massagen, Bäderabteilung keine Geburtshilfe, keine Pädiatrie Zusammenarbeit mit dem Regionalarzt der dt. Botschaft u. anderen Botschaften Nachts keine Notaufnahme ins Krankenhaus!!
Canadian Family Clinic Mediclub russisch, englisch	Mitschurinskij Prospekt 56 Tel. 931 50 18, 931 53 18 Fax 932 86 53	Mo-Fr: 9.00 – 20.00 h Sa: 10.00 – 14.00 h

International Medical Clinic russisch, englisch	Grokholskij Pereulok 31 Tel. 280 71 77, 280 83 88 Fax 280 86 77	**24-Stunden-Notfalldienst** Mo-Fr: 8.00 – 20.00 h Sa: 9.00 – 19.00 h
UPDK-Poliklinik russisch	4. Doryninskij Pereulok 4 Metro „Dobryninskaja“ Tel. 237 83 38, 237 59 33 **Notfälle: Tel. 237 53 95**	Mo-Fr: 8.30 – 20.00 h Sa: 9.00 – 15.00 h Keine Kreditkarten

- Zahnärzte

European Medical Center EMC	2. Tverskoj-Yamskoj Pereulok 10 Nahe Metro „Majakowskaja“ Tel. 956 79 99, 250 55 23 Fax 251 60 99	**24-Stunden-Bereitschaft**
American Medical Center AMC	Grokholskij Pereulok 1 Nähe Metro „Prospekt Mira“ Tel.: 933 77 00 Fax: 933 77 01 Website: www.amcenters.com	**24-Stunden-Notfalldienst** Mo-Fr: 8.00 – 20.00 h Sa/So: 9.00 – 17.00 h
Adventist Health Center russisch, englisch	Shestidesyatiletiya Oktyabrya Prospekt 21 A Tel. 126 75 54, 126 87 67 Fax 126 87 67	Mo-Do: 9.00 – 17.30 h Fr: 9.00 – 17.00 h
Canadian Family Clinic Mediclub	Mitschurinskij Prospekt 56 Tel. 931 50 18, 931 53 18 Fax 932 86 53	Mo-Fr: 9.00 – 20.00 h Sa: 10.00 – 14.00 h
UPDK-Poliklinik	4. Dobryninskij Pereulok 4 Nahe Metro „Dobryninskaja“ Tel. 237 83 38, 237 59 33	Mo-Fr: 8.30 – 20.00 h Sa: 9.00 – 15.00 h Keine Kreditkarten
US Dental Care russisch, englisch	Bolschaja Dmitrovka 7/5, Korpus 2 Nahe Metro „Teatralnaja“ Tel. 933 86 86	Mo – Sa: 08.00 – 18.00 h
Deutsche Zahnklinik	Uliza Wolotschajewskaja 2, Korpus 1 Tel: 362 4909, 363 4902	Täglich 8.00-20.00 h

- Krankenhäuser

Athens Medical Center (Mitschurinskij Krankenhaus)	Mitschurinskij Prospekt 6 Metro „Leninskij Prospekt“, ab dort Bus 58 Tel. 143 25 03, 147 94 10 Fax 147 91 21	Untersteht dem Präsidenten der Russischen Föderation, sehr gute Ausstattung, Einzelzimmer mit TV u. Telefon. Freundliche Atmosphäre Keine Geburtshilfe, kein Pädiatrie
Central Clinical Hospital International Department russisch, englisch	Marshalla Timoschenko Uliza 15 Tel. 414 06 87 414 03 95 (feiertags) Fax 414 06 86	
Botkin Hospital russisch	2. Botkinskij Pereulok 5 Tel. 945 00 45, 945 79 82, 252 94 88 Fax 945 01 55	Keine Kreditkarten

European und **American Medical Center** bieten Klinikeinweisungen an.

- Hausbesuche

Dr. Wladimir Popadejkin (Siemens-Vertragsarzt): Tel. 737 12 70
Mobil-Telefon: 258 03 43
Sprache: russisch, englisch, deutsch
Dr. Propadeijkin praktiziert im Athens Medical Center (Mitschurinskij Krankenhaus)

Hausbesuche werden außerdem angeboten von:

American Medical Center: Tel. 933 77 00
European Medical Center: Tel. 956 79 99

- Regionalarzt und Vertrauensärzte

In der Deutschen Botschaft Moskau befindet sich die Dienststelle des **Regionalarztes**:
Dr. Dr. W. Luster
Tel. 939 92 69
Sprechstunde: Mo – Fr: 8.00 – 12.00 h
Mosfilmovskaja Uliza 56, Metro „Universität" (von dort Trolleybus 34 bis Universitetskij Prospekt). Zu bestimmten Untersuchungen, z. B. Röntgenaufnahmen, wird ins Athens Medical Center überwiesen.

Vetrauensärzte:
- Britische Regionalärztin Dr. D. Eggleton: Tel. 956 72 69, Mobil-Telefon: 761 39 31 (englisch)
- Frau Dr. Knaack: Tel. 434 14 39, privat: 935 38 89
  (deutsch)
  im deutschen Wohngebiet: Prospekt Wernadskowo 103, Korpus 3, Wohnung 59
  Sprechstunde: Mo, Di, Do, Fr 8.00 – 1400 h, Mi: 14.00 – 20.00 h
- Dr. Popadejkin: Telefon siehe oben

In **St. Petersburg** führt das American Medical Center alle Arten von medizinischen Behandlungen durch:

American Medical Center
Serpukhovskaja Uliza 10
Nahe Metro „Technologitcheskij Institut"
Sprechstunden: Mo – Fr: 09.00 – 18.00 h
24-Stunden-Notfalldienst
Tel. (812) 326 17 30
Fax (812) 326 17 31

9.3 Notfälle

Für Notfälle sollte man eine Liste mit Notrufnummern stets griffbereit halten.

Der **Notfall-Rettungsdienst** (Ambulanz) hat überall in Russland die Notrufnummer: **03**

Abgesehen von Verständigungsproblemen aufgrund mangelnder Sprachkenntnisse kann es lange dauern, bis die Ambulanz eintrifft. Ausländer werden in Moskau zumeist ins Botkin-Krankenhaus gebracht (Tel. 945 00 45, 945 79 82).

Schneller geht es, die Ambulanz von AMC, EMC oder Athens Medical Center anzurufen (Notfalldienst 24 Stunden täglich):

American Medical Center: - Moskau Emergency - 956 33 66
- St. Petersburg: Emergency - 326 17 30

European Medical Center: - Moskau Emergency - 956 79 99

Athens Medical Center: - Moskau Emergency: - 143 25 03
(da das Mitschurinskij Krankenhaus nachts keine Notaufnahme hat, erfolgt die Einlieferung in ein anderes Krankenhaus, i. d. R. ins Botkin-Krankenhaus)

Kritisch sind Situationen, in denen man nicht mehr in der Lage ist, selbst Krankenhaus oder Arzt zu bestimmen, z. B. nach einem Verkehrsunfall mit Bewusstlosigkeit. Es ist ratsam, bei den Ausweispapieren eine Karte mit Notfalltext aufzubewahren, z. B. wie folgt

Mein Name ist:	МЕНЯ ЗОВУТ: ......
Bitte rufen Sie im Notfall Herrn ..... Firma ..... an	В КРАИНЕМ СЛУЧАЕ ПОЗВОНИТЕ ПОЖАЛУИСТА ГОСПОДИНУ ...... ФИРМЕ ......
oder bringen Sie mich ins Krankenhaus	ИЛИ ОТВЕЗИТЕ МЕНЯ В БОЛЬНИЦУ ....
Ich habe eine gute Versicherung. Großzügige Belohnung!	У МЕНЯ ХОРОШАЯ СТРАХОВКА. ЩЕДРОЕ ВОЗНАГРАЖДЕНИЕ!

Auskunft über Unfälle: Tel. 925 55 10

Viele Firmen schließen Verträge mit **Flugrettungsdiensten** ab, z. B. SOS-International-Assistance, um im Notfall ihre Mitarbeiter evakuieren zu lassen. Falls Ihnen diese Möglichkeit offensteht, nehmen Sie die entsprechenden Notrufnummern in obige Telefonliste auf.

9.4 Apotheken und Reformhäuser

Viele medizinische Einrichtungen verfügen über eigene Apotheken, in denen die vom Arzt verschriebenen Medikamente abgeholt werden können. Apotheken (АПТЕКА) erkennt man an einem grünen Kreuz. Neben russischen Medikamenten werden auch importierte Präparate angeboten. Arzneimittel, auf die man dauerhaft angewiesen ist, sollte man besser von zu Hause mitbringen, um sich eine längere Suche zu ersparen. In vielen Supermärkten, Fußgängerunterführungen und Metropassagen gibt es Apotheken-Kioske, die nicht verschreibungspflichtige Medikamente, Salben, Verbandsmaterial und Hygieneartikel führen. Eine große Anzahl westlicher Apotheken findet man in *Travellers' Yellow Pages* und dem *Moscow/St. Petersburg Business Guide.* Nachfolgend die bekanntesten:

American Medical Center
2. Tverskoj-Yamskoj Pereulok 10
Metro „Majakowskaja“
Mo – Fr: 08.00 – 20.00 h
Sa: 09.00 – 17.00 h
So: 10.00 – 17.00 h

The Medicine Man
Gontsharnaja Nabereshnaja 3, Bau 5
Metro „Taganskaja“
Mo – Fr: 9.00 – 20.00 h
Sa: 9.00 – 18.00 h

European Medical Center
2. Tverskoj-Yamskoj Pereulok 10
Metro „Majakowskaja"
Mo – Fr: 08.00 – 20.00 h
Sa: 09.00 – 17.00 h
So: 10.00 – 17.00 h
(nur für Patienten auf Verschreibung des behandelnden Arztes im EMC)

Apotheke 36, 6
Tverskaja Uliza 25 / Tel. 299 79 69
Mjanizkaja Uliza 22 /Tel. 497 62 90
6. Parkowaja Uliza 20 / Tel. 367 38 36
Usijewitscha Uliza 13 / Tel. 151 24 41
Fomitschewoj Uliza 1 / Tel. 479 62 90
Mo – Sa: 9.00 – 22.00 h
So: 9.00 – 21.00 h

Apotheke der UPDK-Polikinik
4. Dobryninskij Pereulok 4
Metro „Dobryninskaja"
Mo – Fr: 08.00 – 20.00 h
Sa: 09.00 – 15.00 h

Eine gewisse Auswahl an Reformhaus-Produkten, homöopathischen Mitteln, Heilkräutern, Vitaminen, biologischen Kosmetika etc. findet man bei:

Put K Sebe
Leningradskij Prospekt 10 A
Metro „Belorusskaja"
Mo – Fr: 10.00 – 22.00 h

Lavka Shisny
Uliza Prechistenka 3/19
Metro „Kropotkinskaja"
Mo – Fr: 09.00 – 20.00 h

Sofrino
Uliza Prechistenka 6
Metro „Kropotkinskaja"
Mo – Fr: 10.00 – 19.00 h
Sa: 09.00 – 18.00 h

9.5 Russische Hausmittel

Wenn Sie (nicht ganz so ernsthaft) erkrankt sind, fragen Sie doch mal einen russischen Bekannten nach einem bewährten Hausrezept. Es wird eine Flut guter und zuweilen kurioser Ratschläge regnen. Bleiben Sie ernst - Russen ziehen traditionelle Medizin dem Griff zur Tablette vor. Vielleicht hilft allen Homöopathie-Fans bei Gelegenheit das eine oder andere der folgenden Mittelchen:

- Bei (nicht fiebrigen) Erkältungen hilft neben dem Fußbad mit Senfpulver ein Glas heißer Wodka mit Pfeffer, denn man kommt nach dem Genuss ganz schön ins Schwitzen. Die alkoholfreie Variante besteht aus heißem Tee mit hausgemachtem Himbergelee. Wegen der schweißtreibenden Wirkung von Himbeeren wird Kindern übrigens vom übermäßigen Verzehr an heißen Tagen abgeraten.
- Bei Schnupfen sollte man Salz in einer Pfanne erhitzen und heiß in einen Stoffbeutel füllen (oder in eine Socke). Der Beutel – über die Stirn gehalten – befreit die Atemwege. Im Notfall hat ein heißes, hart gekochtes Ei die gleiche Wirkung, das man übrigens aus Aberglaube auf keinen Fall hinterher essen sollte. Anstelle von Nasentropfen hilft auch der Saft der roten Beete.
- Bei Halsweh nimmt man 1 Eßlöffel frisch gepressten Zitronensaft ohne Zucker oder heiße Milch/Wasser mit Salz oder Honig.
- Husten und Bronchialbeschwerden bekämpft man mit Milch und Kognak (bei Kindern 1 Tropfen pro Lebensjahr). Das ultimative Mittel ist jedoch der runde schwarze Rettich (РЕДЬКА), den man auf Obst- und Gemüsemärkten kaufen kann. Der Rettich wird in einen Suppenteller gelegt und eine Öffnung herausgeschnitten. In diese füllt man einen Teelöffel Honig oder Zucker und lässt das ganze über Nacht stehen. Die Flüssigkeit, die

sich am nächsten Morgen gebildet hat, muss man trinken. Den Prozess des Aushöhlens und Füllens mit Honig oder Zucker setzt man solange fort, bis der Rettich vollständig ausgetrocknet ist. Schmeckt besser als es klingt.

- Sehr populär ist Sanddornöl zum Auftragen auf die Haut, das man in allen Apotheken erhält. Es hilft bei Hautproblemen und starker Angina, riecht nur leider etwas unangenehm. Jeder sollte zu Hause einen Vorrat an Senfpflastern haben, die auf Brust und Rücken aufgelegt jede Bronchitis vertreiben.
- Gegen Durchfall hilft ein dicker Saft (КИСЕЛЬ) aus Heidelbeeren mit Wasser und Stärkemehl. Jede gute russische Hausfrau kann Ihnen das Rezept geben. Heidelbeeren sind generell gut für Herz und Blutkreislauf und Zwiebelscheiben auf die Haut aufgelegt gut gegen Bienenstiche.

Jetzt müssen Sie nur noch zur Stärkung des Immunsystems eine Knoblauchzehe am Tag und im Sommer eifrig schwarze Johannisbeeren essen, und der russische Winter wird Ihnen nichts anhaben können. Falls doch, vergessen Sie nicht, eine Schüssel mit Wasser und geriebenem Knoblauch neben Ihr Bett zu stellen. Das vertreibt nämlich die Mikroben.

10 Kommunikation und Medien

10.1 Post- und Kurierdienste

Jeder Postleitzahlenbezirk hat sein eigenes Postamt, das an einem blauen Schild mit der Aufschrift **„Postleitzahl + ПОЧТА "** zu erkennen ist. Blau sind auch die Briefkästen in Russland. Kleinere Postämter bieten nicht immer alle Dienstleistungen an, z. B. kann man manchmal keine internationalen Telefongespräche führen oder Pakete aufgeben. Briefe können Sie überall aufgeben. Die Gebühren ändern sich schnell, aber selbst für Luftpostbriefe sind umgerechnet nur Pfenningbeträge zu zahlen. Die russische Post ist nicht sehr zuverlässig, dies gilt besonders für Inlandssendungen. Briefe nach und aus Deutschland kommen (meist) an, zuweilen erst nach wochenlanger Beförderungszeit. Für die regelmäßige Korrespondenz mit den Lieben daheim und für den Versand wichtiger Dokumente sollten Sie nach alternativen Beförderungsmethoden suchen. Firmen senden ihre Post in der Regel mit Kurierdiensten nach Deutschland. Am besten bringt man einen Vorrat von Briefmarken von zu Hause mit und schickt auch Privatbriefe mit der Firmenpost.

Wenn man in Russland Briefe verschicken möchte, sollte man sich an die ortsübliche Beschriftung des Umschlags halten. Die ist nämlich genau umgekehrt zum deutschen System:

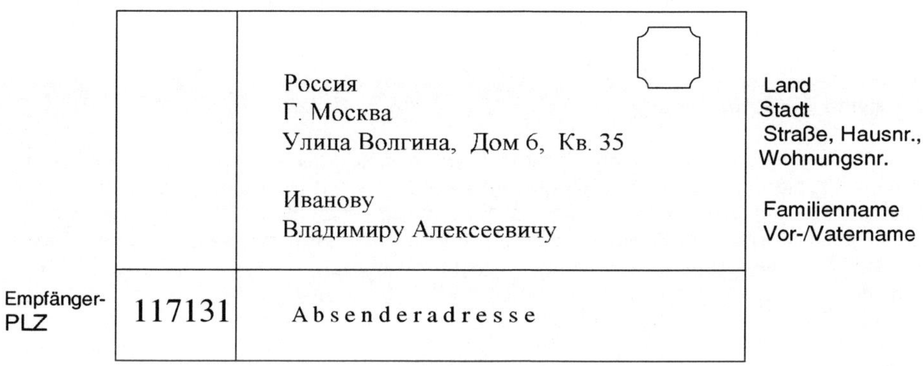

Auf dem Postweg können Waren zollfrei bis zu einem Höchstwert von 100 $ und einem Höchstgewicht von 10 kg (bei unteilbaren Gegenständen 20 kg) versandt werden. Wenn Sie ein Päckchen aus dem Ausland erhalten, finden Sie eine Benachrichtigung in Ihrem Briefkasten. Sie müssen die Felder für persönliche Angaben auf der Rückseite ausfüllen (Unterschrift erst auf dem Postamt leisten!) und holen mit diesem Formular und Ihrem Reisepass das Paket bei Ihrem Bezirkspostamt ab. In der Regel helfen die Postangestellten ungeübten Ausländern auch beim Ausfüllen des Formulars.

Alle Dienstleistungen bietet das **Hauptpostamt** (ГЛАВПОЧТАМТ). Hier können auch Philatelisten Sammlermarken kaufen: Myasnitzskaja Uliza 26/2 (Metro „Chistie Prudy"),
Tel. 928 6005 ,täglich 8.00 – 19.45 h

Alle internationalen Postdienste erledigt das **Internationale Postamt** (МЕЖДУНАРОДНЫИ ПОЧТАМТ): Warschawskoje Shosse 37 (Metro „Nagatinskaja"), Tel. 114 45 84
Täglich 9.00 – 20.00 h, www.ipom.ru

Das Herz des russischen Postsystems ist das Moskauer **Zentrale Telegrafenamt** (ЦЕНТРАЛНЫИ ТЕЛЕГРАФ) in der Tverskaja Uliza 7, das täglich von 8.00 – 22.00 h geöffnet hat. Ein Besuch lohnt nicht nur, wenn Sie ein Telegramm verschicken wollen, sondern auch aus touristischer Sicht. Alle Entfernungen im russischen Briefverkehr werden vom *Zentralnij Telegraf* aus gemessen.

In Russland operieren zahlreiche **Kurierdienste** für In- und Auslandssendungen, z. B.

DHL Worldwide Express, Tel . 956 10 00
TNT Express Worldwide, Tel. 931 96 40
Federal Express, Tel. 234 34 00
United Parcel Service, Tel. 253 19 37
City Express, Tel. 792 32 32
Pony Express, Tel. 930 20 80

10.2 Telefon/Telefax

Ortsgespräche sind zwar bislang kostenlos, der Service der städtischen Telefongesellschaften (in Moskau: MGTS) lässt ansonsten zu wünschen übrig. Sie vertrauen größtenteils noch auf Analog-Leitungen aus der Stalinzeit, auf einen Neuanschluss muss man nicht selten ein Jahr warten. Der geduldige Kunde muss hinnehmen, dass Leitungen überlastet sind, Telefongespräche von einer erheblichen Geräuschkulisse begleitet oder einfach unterbrochen werden. Wegen der vielen Fehlverbindungen werden Sie ständig jemanden an der Strippe haben, der gar nicht mit Ihnen sprechen wollte, oder eine dritte Person wird Ihrem Plausch mit der besten Freundin zugeschaltet.

10.2.1 Private Telefonanbieter

Glücklicherweise bieten viele **private Telefongesellschaften** eine zeitgemäße Technologie an (digitale Linien, ISDN, Satellitenkommunikation etc.). Wenn man regelmäßig internationale Gespräche führen und Telefaxe versenden möchte oder an einem eigenen Internet-Anschluss interessiert ist, sollte man einen Vertrag mit einer solchen Firma abschließen. In westlichen Wohnungen liegen vielfach bereits Anschlüsse von Privatanbietern. Fragen Sie Ihren Vermieter nach bestehenden Verträgen. Die beiden bekanntesten Telefongesellschaften für Privathaushalte sind:

Combellga: Mytnaja Uliza 1, 1. Eingang, 10. Stock
Tel. 931 99 50, Fax 222 14 35,239 14 74, E-mail: sales@co.ru
www.combellga.ru
Comstar: Dmitrowskij Pereulok 3/1
Tel. 956 00 00, Fax 956 07 07, E-mail: request@comstar.ru
www.comstar.ru

Tarife (Stand Juli 2000):
Russland + GUS: 0,20 – 0,90 $/Minute je nach Entfernung, Rabatte von 20.00 – 8.00 h
Europa: 1,49 $/Minute und 1,30 $/Minute von 20.00 – 8.00 h
Nordamerika: 1,60 $/Minute und 1,40 $/Minute von 20.00 – 8.00 h
Alle anderen: 2,50 $/Minute und 2,30 $/Minute von 20.00 – 8.00 h

Auf der Telefonrechnung werden die Gespräche einzeln mit Dauer und Gebühr aufgeführt und außerdem angegeben, bei welchen Banken Sie den Betrag einzahlen können. In den Büros der Gesellschaften kann man die Rechnung auch bar oder mit Kreditkarte begleichen.

Eine große Auswahl privater Telefongesellschaften findet man im *Moscow/St. Petersburg Business Telephone Guide.*

10.2.2 Öffentliche Telefonapparate

Öffentliche Telefonapparate (ТАКСОФОН) funktionieren mit Telefonkarten (ТЕЛЕФОНКАРТА), die man an Metrokassen und in Postämtern kaufen kann. Es sind derzeit Karten mit 30 bzw. 60 Einheiten erhältlich (Preis Juli 1999: 40 bzw. 80 Rubel). Vereinzelt findet man noch ältere Telefonapparate, die mit Jetons – ebenfalls an Metrokassen erhältlich - funktionieren. Von öffentlichen Telefonen können nur Ortsgespräche geführt werden. Für überregionale und internationale Gespräche muss man ein Postamt aufsuchen, das Telefondienste anbietet.

10.2.3 Telefonbücher

Ein aktuelles öffentliches Telefonbuch für Moskau sucht man vergebens. Auf der Suche nach einer Telefonnummer kann man sein Glück bei der Auskunft versuchen (siehe 14.2.5) - zumeist eine recht mühsame Angelegenheit. Einige nützliche **Branchenbücher privater Informationsdienste** sind jedoch erhältlich:

- **Moscow Business Telephone Guide:**
  In Russisch und Englisch, 10 Ausgaben pro Jahr, publiziert von Inforcom Isdat, Moskau
  Telefonische Auskunft und Bestellungen: 956 94 14, Fax 288 40 86
  E-mail: mbtg@online.ru, Internet: www.mbtg.net
  Bei Sedmoj Kontinent käuflich erhältlich, Gratisexemplare liegen in westlichen Wohnkomplexen und internationalen Hotels aus (meist schnell vergriffen).

- **Adres Moskva** (АДРЕС МОСКВА):
  175.000 nützliche Adressen, erhältlich in russischen Buchhandlungen und an Zeitschriftenständen
  Auskunft beim Herausgeber:
  Euro Adres, 1. Schikovskij Pereulok 20 (Metro „Paveletskaja", Serpukhovskaja"),
  Tel. 956 91 04, Fax 959 66 46
  E-mail: post@euroadr.msk.ru, Internet: www.euroadress.ru

- **Traveller's Yellow Pages** (russische Version: „ЛУЧШЕ В МОСКВЕ")
  Tausende Adressen und nützliche Tips, herausgegeben von InfoServices, New York
  Auskunft bei:
  Infoservices Publishing, Malij Putinkowskij Pereulok 1, 4. Stock
  (Metro „Tschechowskaja", „Pushkinskaja)
  Tel. 229 79 14, Fax 209 76 52
  E-mail: moscow.wenet.net, Internet-Ausgabe: www.infoservices.ru mit vielen Querverweisen
  St. Petersburger Ausgabe: Telefonische Auskunft unter (812) 315 64 12
  Im Internet sind auch Adressen in Nishnij Novgorod abrufbar

- **ЖЕЛТЫЕ СТРАНИЦИ** (Gelbe Seiten):
  Russisches Branchenbuch für Moskau, erhältlich bei
  ЖЕЛТЫЕ СТРАНИЦИ ЗАО, Chistoprudnij Bulvar 5/10
  Telefonische Auskunft: 929 05 55
  E-mail: info@yellowpages.ru, Internet: www.yellowpages.ru

Telefonbücher sind preisgünstig, Adres Moskva z. B. kostet im Zeitschriftenhandel umgerechnet nicht einmal 5 DM.

10.2.4 Mobiltelefone

Mobiltelefone aus Deutschland mit D1-/ D2-Netz funktionieren in Moskau und St. Petersburg. Gespräche von und nach Deutschland sind jedoch extrem teuer. Da kein richtiger *Bisnessmen* in Russland ohne Handy vor die Tür geht, wendet man sich zwecks Kauf eines Mobiltelefons am besten an einen russischen Anbieter. Seit der Finanzkrise sind die Tarife für Vertragsabschlüsse und Gespräche drastisch gefallen. Die momentan führenden Anbieter sind:

- **Moscow Cellular Communications (MCC)**
  Woronzowskaja Uliza 18/20, Tel. 911 00 60, 744 44 44

- **Mobile Telesystems (MTS)**
  Sadowaja Karetnaja Uliza, 2, Tel. 928 43 55

- **VimpelCom (Bee Line):**
  Uliza Wasmowa Marta 10/2, Tel. 212 82 83, 755 00 55

Weitere Adressen können Sie den Branchenbüchern entnehmen. Preisvergleiche verschiedener Anbieter lohnen sich. Die Gebühren für eine Minute Sprechzeit liegen derzeit bei rund 0,40 – 0,70 $ pro Minute. Günstigere Tarife gelten in Abend- und Nachtstunden, kostenfreie Sprechzeiten pro Monat werden ebenso eingeräumt wie Rabatte für Firmenkunden. Wenn Sie sehr viel reisen, achten Sie auf breite Roaming-Möglichkeiten in russischen Städten und anderen Ländern. Um Gespräche aus Deutschland empfangen zu können, brauchen Sie ein Handy mit GSM-Standard.

10.2.5 Vorwahlen und wichtige Rufnummern

Für Telefongespräche innerhalb Russlands wählen Sie:

8 + Ortsvorwahl + Rufnummer

Vorwahlen einiger größerer Städte:

Archangelsk	818	Murmansk	8152
Belgorod	07222	Nishnij Nowgorod	8312
Chabarowsk	81732	Nowgorod	816
Chelyabinsk	3512	Nowosibirsk	3832
Ekaterinenburg	3432	Omsk	3812
Grosny	8712	Perm	3422
Irkutsk	3592	Pskow	81122
Ischewsk	3412	Rostow	08356
Jakutsk	41122	Rostow am Don	8632
Jaroslawl	0852	Samara	8462
Kaliningrad	0112	Smolensk	081
Kasan	8432	Sotschi	8622
Krasnodar	8612	St. Petersburg	812
Krasnojarsk	3912	Tomsk	3822
Kursk	071	Twer	08222
Lipetsk	0742	Ufa	3472
Magadan	41322	Wladiwostok	4232
Moskau	095	Wolgograd	8442

Für internationale Gespräche wählen Sie:

8 + 10 + Landesvorwahl + Ortsvorwahl ohne „0" + Rufnummer

Deutschland: 49
Österreich: 43
Schweiz: 41

In den größeren russischen Städten besteht Selbstwählverkehr ins Ausland, in kleineren kann man internationale Gespräche jedoch nur über die Vermittlung führen.

Notrufnummern:

Feuerwehr:	**01**
Polizei:	**02**
Ambulanz:	**03**
Gas:	**04**

Telefonauskunft:

Moskau:	**09**
Russische Föderation, GUS:	**927 00 09 ***
Zeitansage:	**100**

*gebührenpflichtig

Über** verlorene Gegenstände in Verkehrsmitteln **erhalten Sie in Moskau unter folgenden Nummern Auskunft:

Metro: 222 20 85 Busse, Trolleybusse, Straßenbahn: 923 87 53

Und falls Sie Ihre **Kinder verloren** haben, rufen Sie **401 99 82** oder **401 90 11** an! (Hoffentlich müssen Sie den Service nie nutzen.)

10.3 Internet

Das Informationszeitalter hat auch in Russland Einzug gehalten. Wer häufig und preisgünstig quer über den Globus kommunizieren will, legt sich am besten einen privaten Internet-Anschluß zu. Eine große Auswahl von Internet-Providern finden Sie im *Moscow Business Telephone Guide.* Fragen Sie Bekannte und Kollegen nach Empfehlungen und Erfahrungen. Viele entscheiden sich für die Telefongesellschaft als Provider, mit der bereits ein Vertrag besteht. Die Internet-Gebühren erscheinen dann auf der Telefonrechnung.

Populär unter Expatriats ist:
Russia online: Krasnokasarmernaja Uliza 12a,
Tel. 258 41 61, E-mail: register@online.ru, Website www.online.ru

Bei Anmeldung erhalten Sie Handbuch (russisch) sowie Installationsdiskette (englisch/russisch). Man kann zwischen unterschiedlichen Tarifplänen wählen, z.B. einer Mindestgebühr von 10 bzw. 20 $ im Monat bei 20 bis 50 Freistunden. Es wird für Sie ein Konto eingerichtet, das Sie durch Überweisung bei einer *Sberbank* (СБЕРБАНК) auffüllen. Entsprechende Formulare und Muster zum korrekten Ausfüllen (ОБРАЗЕЦ) liegen aus. Neuerdings kann man auch seine Kreditkarte belasten lassen.

Wer keinen eigenen Anschluss hat, erhält Zugang zum Internet bei folgenden **Internetcafes** bzw. Internetsalons (Gebühren Stand Juli 1999):

Agmar	Ausstellungsgelände WDnCH Tel. 974 7484 Metro „WDnCH" Und Palast der Jugend Tel. 755 58 22 Metro „Frunzenskaja"	10.00 h – 18.00 60 R/Stunde 10.00 – 23.00 h 70 R/Stunde
Chevignon Internet Cafe	Stoleshnikow Pereulok 14 Tel. 733 92 05 Metro „Teatralnaja"	24 Stunden 30 Minuten für 60 R Getränkeumsatz
Compulink	Uliza Udaltsova 85 Tel. 131 41 56/66 Metro „Prospekt Wernadskowo"	10.00 – 20.00 h 60 – 70 R/Stunde
Internet Cafe	Energeticheskaja Uliza 5 A Tel. 918 11 17 Metro „Aviamotornaja"	10.00 – 20.00 h (samstags bis 18.00 h) 30 R für 1. Stunde, danach 10 R
Screen	Novocherkasskij Bulvar 19 A Tel. 349 19 20 Metro „Marino"	12.00 – 20.00 h (außer montags) 20 R/Stunde
Sovincentr Business Center	Kransnoprenskaja Nab. 12 Tel. 253 28 84, 253 28 79 Metro „Uliza 1905 Goda"	9.00 – 21.00 h Eigene Kabinen, professioneller Service, 20 – 40 $/Stunde inkl. Kabinenmiete

Neben den bereits angegebenen Internetadressen, hier noch eine kleine Zusammenstellung interessanter Webseiten:

www.ru - Suchmaschine für russische Webseiten in Englisch
www.rambler.ru - populäre russische Suchmaschine
www.moskva.net - englische Informationen über Moskau
www.moskau.to - Webseite der Moskauer Stadtregierung (deutsch u. englisch)
www.moscow-guide.ru - Reiseinformationen für Moskau
www.travel.spb.ru - Reiseinformationen für St. Petersburg
www.tourintel.ru - Travel in Russia (englisch), Hotelbuchungen, Reisetips, Postleitzahlen, Zeitzonen
www.weekend.ru - Veranstaltungstipps (russisch u. englisch)
www.menu.ru - Restauranttipps, Suchmaschine für Restaurants (russisch)

Und wenn Sie Lust haben, Moskauer Museen einmal online zu besuchen, dann geht das unter www.museum.ru, und das Bolshoi Theater lädt mit der ganz liebevoll gestalteten Webseite www.bolshoi-theatre.com zu einer Stippvisite ein.

Für den „Chat" mit anderen Expatratiats können Sie sich bei der Expat-Liste einschreiben lassen, ein freier E-Mail-Dienst mit über 1000 Abonnenten. Senden Sie eine E-mail mit der Nachricht „Subscribe expat" an die Adresse listserv@irex.ru. Einen Haken hat die Sache: Aufgrund der großen Abonnentenzahl werden Sie jeden Tag mit Dutzenden E-mails überschüttet, da alle Nachrichten an alle Mitglieder gehen. Aber wenn Sie wissen wollen, wo Sie ein aufblasbares Kinderplanschbecken oder Lorbeerblätter kaufen können, oder nützliche Tipps für das Leben in Moskau brauchen, sind Sie hier an der richtigen Adresse.

10.4 Fernseh- und Radioprogramme

Die russischen Fernsehprogramme (ORT, TV Center, RTR, NTV, TV6) liegen mit unzähligen brasilianischen und amerikanischen Seifenopern, Game- und Talkshows sowie zahlreichen Werbe-Unterbrechungen voll im Trend westlicher Medienkultur. Für den realen Nervenkitzel sorgt bereits im Vorabendprogramm *Doroshnij Patrul* mit hautnahen Filmszenen spektakulärer Autounfälle, Überfälle und Morde in Moskau. Ausländische Filme sind oft nicht synchronisiert, sondern der O-Ton wird einfach überquasselt – nicht selten übernimmt dabei ein Sprecher alle Rollen. Alte sowjetische Spielfilme wirken auf „Action liebende Zuschauer" eher einschläfernd. Bei KULTURA können Liebhaber klassischer Musik manchem interessanten Konzert-Mitschnitt lauschen, und wirklich rührend sind Zeichentrickfilme (МУЛЬТФИЛЬМЫ) für Kinder: Die russische Version von Winnie Puh ist einfach bezaubernd. Und vielleicht lernen Ihre Kleinen in der *Uliza Sesam* die ersten russischen Worte.

Den **Empfang ausländischer Sender per Satellit** bietet in Moskau folgende Firma an:

Kosmos TV
Botanitcheskaja Uliza 21, 4. Stock
Tel. 728 70 28, Fax 216 40 34, E-mail: ktv@online.ru, Internet: www.kosmostv.ru
Deutschsprachige Programme: Pro7, Eurosport, Viva; ansonsten eine große Auswahl englischsprachiger Nachrichtensender, Discovery, Travel, MTV u.a.m. Das Paket mit 20 Programmen kostet 38 $ im Monat, die Installationskosten betragen 110 $.

In westlichen Wohnkomplexen gehört Kosmos TV in der Regel zur Standardausstattung. Manchmal werden über hauseigene Satellitenanlagen auch andere westeuropäische Sender eingefangen.

Wenn Sie zusätzliche deutsche Kanäle sehen wollen und bereit sind, dafür ein bisschen Geld auszugeben, bietet sich folgende Möglichkeit: Mit einer Satellitenschüssel und einem Receiver können Sie die meisten privaten Deutschen Fernsehprogramme und je nach Wetterlage auch öffentlich-rechtliche Programme empfangen. Die Firma

L. Kollewatow, 13. Parkowaja Uliza 25, Tel. 464 91 72 (nur russisch!)

hat in der Vergangenheit mehrfach erfolgreich solche Installationen durchgeführt. Bevor Sie sich in Unkosten stürzen, lassen Sie prüfen, ob von Ihrer neuen Wohnung aus ein Signal der entsprechenden Satelliten in ausreichender Stärke zu empfangen ist. In der Regel genügt eine Schüssel mit einem Durchmesser von 1,20 – 1,65 m. Eine grobe Preisindikation: +/- 1000 - 1500 $ je nach Antennengröße und Qualität des Receivers. Die Installation einer Satellitenanlage auf Balkon oder Hausdach bedarf auch in Russland der Zustimmung des Vermieters bzw. der Wohnungsverwaltung. Der Empfang ist im Winter besser als im Sommer, bei Gewittern und Schneestürmen jedoch oft gestört.

Ein **aktuelles Fernsehprogramm** für die russischen Kanäle und Kosmos TV finden Sie auf englisch in der Freitagsausgabe der *Moscow Times.*

In Moskau kann man eine große Zahl junger, unterhaltsamer **Radiosender** mit guten und abwechslungsreichen Musikprogrammen empfangen. Unternehmen Sie einen Ausflug in die internationale und russische Popszene, z. B. bei Radio Maximum (FM 103,7), Radio 7 (104,7), Europa Plus (FM 106,2), Radio Classica (FM 102,1) oder Russkoje Radio (FM 105,7). Mit westlichen Radios kann man leider die Stationen nicht einfangen, die unter der bei uns üblichen Niederfrequenz 88 operieren.

Empfang der Deutschen Welle:
Moskau: Mittelwelle, 693 KHz
St. Petersburg: Mittelwelle, 1188 KHz
Sendefrequenzen in anderen Teilen Russlands können Sie bei der Deutschen Welle erfragen:
In Köln: Tel. (02 21) 389 2500, Fax (02 21) 389 25 10,
E-mail: info@dwelle.de, Internet: www.dwelle.de
In Moskau: Tel. 232 39 76, 232 39 77

10.5 Zeitungen und Zeitschriften

Wer über sehr gute Sprachkenntnisse verfügt, kann sich an einem reichen Angebot russischer Tages- und Wochenzeitungen erfreuen. Daneben findet man an den Zeitungsständen in Metrostationen und Unterführungen alle möglichen Magazine, Illustrierten, Fachzeitschriften und Klatsch-Blätter.

Interessant für alle Ausländer - auch sprachlich noch nicht so versierte – sind die Veranstaltungskalender *Wasch Dosug* (ВАЩ ДОСУГ) und *Dosug v Moskwe* (ДОСУГ В МОСКВЕ), die jeden Mittwoch erscheinen, und das Privatanzeigenblatt *Iz Ruk v Ruki* (ИЗ РУК В РУКИ)

Folgende **englischsprachige Zeitungen** werden in Moskau publiziert

- **The Moscow Times /St. Petersburg Times**: größte englische Tageszeitung, erscheint Dienstag bis Samstag, monatliche Sonderbeilage „The Russia Business Review“ mit informativen Artikeln zu besonderen Themenschwerpunkten
  Abonnements: Tel. 232 92 93, 232 17 50, Fax 232 17 61
  www.moscowtimes.ru
  300 $/Jahr, Kreditkarten werden akzeptiert

- **The Moscow Tribune**: Tageszeitung ähnlich der Moscow Times, aber weniger umfangreich, erscheint Dienstag bis Samstag
  Abonnements: Tel. 135 11 14, Fax 135 11 05
  200 $/Jahr, Kreditkarten werden akzeptiert

- **The Russia Journal**: Wochenzeitung für Politik und Wirtschaft, erscheint montags
  Abonnements: Tel. 912 38 93, 912 43 05, Fax 912 39 20, 912 43 05
  2.050 Rubel pro Jahr, Kreditkarten werden akzeptiert

Kostenlose Exemplare dieser Zeitungen liegen in westlichen Supermärkten, Wohnkomplexen und Kliniken, allen internationalen Hotels, vielen Restaurants und Kneipen aus. Dort finden Sie auch die einmal monatlich erscheinende **Deutsche Moskauer Zeitung** (Telefonische Auskunft über Abonnements unter 937 65 47, Fax 248 38 74).

Ausländische Tageszeitungen und Zeitschriften vom Vortag kann man in großen internationalen Hotels kaufen. Die Preise liegen allerdings sehr hoch. Recht teuer sind auch die Abonnements ausländischer Zeitschriften über Press Point International in Moskau (Tel. 154 83 57, 154 41 97, Fax 234 29 99), die regelmäßig in den englischsprachigen Tageszeitungen für ihren Service werben. Erkundigen Sie sich beim Verlag Ihrer Lieblingszeitung nach Auslandsabonnements oder lassen Sie diese per Firmenpost nachschicken. Wem diese Möglichkeit nicht offensteht, der kann im Restaurant der Deutschen Botschaft (Adresse siehe Kapitel 11 „Deutschsprachige und internationale Einrichtungen“) die Vortagesausgaben von *Spiegel, Focus, Stern & Co.* zu einem geringfügig höheren Preis käuflich erwerben oder auf Internetausgaben zurückgreifen, wenn das Netz funktioniert.

11 Deutschsprachige und internationale Einrichtungen

Die deutschsprachige Gemeinde ist eine der größten Expatriate Communites in Moskau. Wer den Kontakt zu Landsleuten pflegen will, hat daher zahlreiche Möglichkeiten, andere Deutsche kennen zu lernen. Die Veranstaltungen internationaler Verbände und Organisationen bieten eine gute Gelegenheit, Expatriates aus aller Welt zu treffen.

11.1 Deutsche Botschaft Moskau

In Passangelegenheiten, für Beurkundungen und sonstige notarielle Tätigkeiten können Sie sich an das Rechts- und Konsularreferat der Deutschen Botschaft in Moskau wenden. Hier finden deutsche Staatsangehörige auch konsularische Hilfe in einer Notlage. Haben Sie z. B. Ihren deutschen Führerschein verloren oder wurde er gestohlen, können Sie über die Konsularabteilung die Ausstellung eines Ersatzführerscheins beantragen.

Rechts- und Konsularreferat der Botschaft der Bundesrepublik Deutschland in Moskau
Leninskij Prospekt 95 a
Metro „Prospekt Wernadskowo", von dort Bus 616

Tel. 933 43 11, 933 43 12
Fax 936 21 43
E-mail: germanrk@aha.ru

Dienstzeiten: 8.00 h – 16.30 h (freitags bis 15.00 h)
Publikumsverkehr: täglich 9.00 – 12.00 h

Außerhalb der Dienstzeiten wenden Sie sich im Notfall mit der Bitte um konsularische Hilfe an die

Botschaft der Bundesrepublik Deutschland in Moskau
Mosfilmowskaja Uliza 56

Tel. 937 95 00
Fax 938 23 54

Homepage: *www.germany.org.ru*
E-mail: *germanmo@aha.ru*

Dienstzeiten: 8.00 – 13.00 und 14.00 – 17.00 h (freitags bis 15.30 h)

11.1.1 Gesellschaftliche Einrichtungen der Deutschen Botschaft Moskau

Das Botschaftsgelände in der Mosfilmowskaja beherbergt neben Büros und Wohnungen der Diplomaten auch gesellschaftliche Einrichtungen, die nicht nur Botschaftsangehörigen sondern auch

- deutschen Staatsangehörigen und ihren Familien,
- Staatsangehörigen der EU-Mitgliedstaaten und ihren Familien,
- Staatsangehörigen der Schweiz und ihren Familien,
- Angehörigen der diplomatischen Vertretungen Moskaus und ihren Familien

offenstehen. Zur Familie zählen auch Lebenspartner.

Wenn Sie Lust auf deutsche Küche zu günstigen Preisen haben, können Sie das **Restaurant** im Mehrzweckgebäude der Botschaft besuchen, das wochentags von 18.00 bis 24.00 h und an Sonntagen von 12.00 h bis 24.00 h geöffnet hat. Bitte beachten Sie, dass Sie Ihre Rechnung in DM bezahlen müssen. Im Gebäude befindet sich eine Kegelbahn, und es können Räume für Feierlichkeiten gemietet werden. Das Restaurant bietet außerdem einen Catering-Service für Betriebs- und Privatfeiern an (Telefon Restaurant: 938 23 69).

Zur Information über Freizeit- und Sportaktivitäten empfiehlt sich ein Blick in die **Hauspostille**, ein monatlich erscheinendes Mitteilungsblatt der Deutschen Botschaft. Die Zeitschrift wird an deutsche Firmen auf Anfrage versandt bzw. liegt an der Botschaft im Warteraum für Besucher aus.

In der **Sporthalle** werden Mannschaftssportarten, z. B. Volleyball, betrieben. Im Winter wird auf den gefluteten Tennisplätzen Broomball, eine Art Eishockey ohne Schlittschuhe, gespielt. Auf Einladung eines Diplomaten kann Tennis gespielt werden. Für die Benutzung der **Schwimmhalle** werden jährlich eine begrenzte Zahl von Dauerkarten ausgegeben (Halbjahreskarte 50,00 DM/Jahreskarte 100,00 DM – Stand Juni 1999). Fragen Sie unter 937 95 00 nach dem Mitarbeiter, der die sportlichen Aktivitäten koordiniert.

Einmal im Monat (meist am zweiten Donnerstag) treffen sich **deutschsprachige Frauen** nachmittags im Restaurant der Botschaft. Das Treffen wird mit dem Vortrag eines Gastes eingeleitet (Themenbereiche z. B. Kultur, Architektur, Kunst), an den sich eine Gesprächsrunde bei Kaffee und Kuchen anschließt. Termine finden Sie in der Hauspostille oder können telefonisch erfragt werden (derzeit bei Frau Kristof: Tel./Fax 147 63 76). Empfehlenswert sind die Veranstaltungen des **Kulturkreises**. Jeden Mittwoch können sich Interessierte sachkundig und in deutscher Sprache durch eine Sehenswürdigkeit Moskaus führen lassen. Dabei werden auch Plätze besucht, die man nicht unbedingt im Reiseführer findet. Programm, Termine und Treffpunkte stehen ebenfalls in der Hauspostille oder können telefonisch erfragt werden (derzeit bei Frau Dröge: Tel. 433 73 98, Frau Bock: 956 71 91 oder der Fremdenführerin Nina: Tel. 541 80 80). Pro Teilnehmer wird ein Unkostenbeitrag von 5,00 DM erhoben.

Um **Zugang zur Botschaft** zu erhalten, müssen Sie sich mit Ihrem Reisepass, Personalausweis oder einer Diplomatenkarte ausweisen. Die Ausweispapiere werden für die Dauer des Aufenthaltes einbehalten. Mit einer Besucherkarte erhalten Sie Ihre Papiere beim Verlassen des Geländes zurück.

11.1.2 Deutsche Generalkonsulate

In folgenden Städten können Sie sich mit der Bitte um konsularische Hilfe an ein deutsches Generalkonsulat wenden:

Generalkonsulat St. Petersburg
Furschtadtskaja Uliza 39
Tel. (812) 327 31 11
Fax (812) 327 31 17
Rechts- und Konsularabteilung/Visastelle: Fax (812) 279 32 42
e-mail: gkstpe@mail.wplus.net
Öffnungszeiten: 8.00 – 12.30 h und 13.00 – 16.00 h (freitags bis 15.00 h)

Generalkonsulat Nowosibirsk
Krasnij Prospekt 28
Tel. (3832) 231 411, 232 256, 231 992, 234 992
Fax (3832) 234 417
Öffnungszeiten: 8.00 – 13.00 h und 13.30 h bis 16.30 h (freitags bis 15.00 h)

Rechts- und Konsularabteilung/Visastelle: 09.00 – 12.00 h

Generalkonsulat Saratow
Prospekt Kirowa 34
Tel. (8452) 242 749, 510 699
Fax (8452) 244 939
Rechts- und Konsularabteilung/Visastelle: Tel. (8452) 240 565, Fax (452) 721 608
Öffnungszeiten: 8.30 – 13.00 h und 14.00 – 17.00 h (freitags bis 15.30 h)

11.2 Deutsche Kirchengemeinden

Ein **evangelischer Gottesdienst** findet alle 14 Tage sonntags um 11.15 h im Mehrzweckgebäude der Botschaft statt. Informationen erhalten Sie bei Pfarrer Kratz unter Telefon 243 67 15.

Ein **katholischer Gottesdienst** findet jeden Sonntag um 10.00 h im Mehrzweckgebäude der Botschaft und jeden Donnerstag im Pfarrzentrum statt (Deutsches Wohngebiet, Prospekt Wernadskowo 103, Korpus 3, Eingang 4, 9. Etage, Wg. 187). Das Pfarrzentrum ist von 11.00 bis 20.00 h und nach Vereinbarung geöffnet (Tel./Fax 433 31 31).

11.3 Goethe Institut

Wer nach deutscher Literatur oder Informationen über Deutschland sucht, dem stehen Bibliothek und Informationszentrum des Goethe Instituts in Moskau und St. Petersburg offen. Man findet eine große Auswahl an Büchern, Zeitschriften, Videos, CD-Roms, Kassetten und CD's. Die Ausleihung erfolgt mit einer Lesekarte, die nach Vorlage eines gültigen Ausweises und eines aktuellen Adressennachweises ausgestellt wird. In Moskau werden donnerstags abends um 18.30 h Filme im deutscher Sprache gezeigt. Das aktuelle Programm liegt im Goethe Institut aus oder kann telefonisch erfragt werden:

Goethe Institut Moskau
Leninskij Prospekt 95 a
Tel. 936 24 57 – 60
Fax 936 22 32
E-mail: bibl@goethe.msk.org
Metro „Prospekt Wernadskowo", von dort Bus Nr. 616
Ansprechzeiten: 9.00 – 17.00 h (freitags bis 16.00 h)
Öffnungszeiten von Bibliothek und Informationszentrum (2. Stock):
Di – Fr: 15.00 – 19.00 h, Sa: 10.00 – 16.00 h

Goethe Institut St. Petersburg
Nab. Reki Fontanki 46
Tel. (812) 311 21 00, 219 49 75
Fax (812) 219 49 76
Ansprechzeiten: 9.30 – 18.00 h
Öffnungszeiten von Bibliothek und Informationszentrum:
Di – Fr: 16.00 – 20.00 h, Sa: 11.00 – 15.00 h

11.4 Verband der Deutschen Wirtschaft

Der Verband der Deutschen Wirtschaft als Interessenvertretung deutscher Unternehmen in Russland bietet seinen Mitglieder regelmäßig die Möglichkeit zum Erfahrungsaustausch. Auf den monatlichen Treffen des Verbandes und der Verbandsjunioren kann man in ungezwungener Atmosphäre neue Leute kennen lernen. Einmal jährlich wird ein Sommerfest und ein formeller Ball der Deutschen Wirtschaft organisiert. Über Aktivitäten und Veranstaltungen des Verbandes können Sie sich unter folgender Adresse informieren:

Verband der Deutschen Wirtschaft in der Russischen Föderation
Deutsches Industrie- und Handelszentrum
1. Kasatschi Pereulok 7
109017 Moskau
Tel. 234 49 53
Fax 234 49 54
E-mail: buero@vdwrus.msk.ru
Metrostation „Poljanka"

11.5 Internationale Einrichtungen

Wer Expatriats aus anderen Ländern treffen will, wirft am besten einen Blick auf das „Community Bulletin Board" in der Donnerstagsausgabe der *Moscow Times.* Hier inserieren **internationale Freizeitclubs, Wohltätigkeitsorganisationen, Kirchengemeinden verschiedener Konfessionen und Organisationen,** die Lebenshilfe anbieten. Wenn Sie einen Yoga-Kurs beim indischen Kulturzentrum belegen, mit Naturliebhabern aus aller Welt die Umgebung Moskaus erkunden oder einem Feldhockey-Club beitreten wollen, hier finden Sie Adressen, Telefonkontakte und Termine.

Ein breites Angebot an Aktivitäten bietet der **International Women's Club of Moscow** allen Frauen, die kreative, sportliche oder karitative Ambitionen haben. Die Interessengruppen reichen von Architektur, Bridge, Computer-, Koch- und Sprachkursen bis hin zu Tennis, Yoga, Meditation und Ikebana. Der IWC ist sehr aktiv im wohltätigen Bereich und für alle freiwilligen Helfer dankbar, die Projekte für Straßenkinder, Waisenhäuser, Altenheime u. a. m. unterstützen wollen. Die Mitgliedschaft kostet derzeit 50 $ im Jahr. Jeden Monat findet ein General Meeting statt, auf dem ein „Newsletter" der aktuellen Aktivitäten herausgegeben wird, sowie ein Newcomers' Coffee für neue Interessenten statt. Termine und Veranstaltungsorte können Sie erfragen bei:

International Women's Club of Moscow
Olaf Palme Uliza 5, Korpus 2, 1. Stock, Raum 2
Tel./Fax: 147 22 40
Öffnungszeiten: Montag: 14.00 – 16.00 h, Mittwoch: 10.00 – 12.00 h

Die **American Chamber of Commerce** veranstaltet regelmäßig ein Business Breakfast zu einem aktuellen wirtschaftlichen oder politischen Thema, bei dem man in zwangloser Atmosphäre Geschäftsleute aus aller Welt kennen lernen kann. Die Termine werden in der Moscow Times veröffentlicht oder können erfragt werden bei

The American Chamber of Commerce in Russia
Kosmodamiankaja Nabereshnaja 52, Haus 1 B, 8. Stock
113054 Moskau
Tel. 961 21 41
Fax 961 21 42
E-mail: amchamru@amcham.ru
Website: www.amcham.ru

Eine weitere Anlaufstelle für Expatriate-Geschäftsleute ist der **European Business Club**, der monatlich zu einem „Eurodrink" einlädt. Die Veranstaltung wird jeweils von einem europäischen Land in unterschiedlichen Lokalitäten ausgerichtet. Telefonische Auskunft bei

European Business Club
Stoleschnikow Pereulok 14
103030 Moskau
Tel. 721 1760
Fax 721 1761
E-mail: ebc@co.ru
Website: www.ebc.ru

12 Freizeitmöglichkeiten

Da das Angebot an Freizeiteinrichtungen nicht flächendeckend ist und man z. T. lange Wegstrecken in Kauf nehmen muss, ist Moskau nicht unbedingt ein Freizeitparadies. Wer aber ein wenig Zeit und Mühe in Kauf nimmt und sich auch bei kaltem Wetter vor die Tür traut, findet viele Möglichkeiten, das Wochenende zu jeder Jahreszeit aktiv zu gestalten.

12.1 Sport

Freizeitvereine nach deutschem Vorbild für Mannschaftssportarten sucht man vergebens. Es gibt aber Abhilfe: Viele Russen mieten als Gruppe regelmäßig die Sporthallen von Betrieben, Schulen oder Universitäten an, um Fußball, Handball oder Volleyball zu spielen. Vielleicht existiert auch in Ihrer Firma eine solche Freizeitsportgruppe. Auch die Halle der deutschen Botschaft kann von Freizeitsportgruppen angemietet werden (siehe Kapitel „Deutschsprachige und Internationale Einrichtungen“).

In den letzten Jahren sind viele **Fitnessstudios** für ein internationales Publikum entstanden – zumeist unter amerikanischen Management. Die Anlagen sind sehr gut ausgestattet, verfügen über Sauna und Solarium und manchmal auch ein Schwimmbad. Meist steht auf Wunsch ein englischsprachiger Trainier zur Verfügung, Aerobic-Stunden werden in der Regel auf Russisch abgehalten. Eine Mitgliedschaft ist einer teures Vergnügen, auch wenn Familien- oder Gruppenrabatte angeboten werden. Die bekanntesten Studios sind:

- **Gold's Gym:** große Gerätehalle mit neuester Ausstattung, Tennis-, Squash- und Basketballfelder, Aerobicstunden, ab 120 $/Monat
  Leningradskij Prospekt 31 - Tel. 931 96 16
- **Planet Fitness:** derzeit 4 Studios in Moskau und 2 in St. Petersburg, moderne Ausstattung, z.T. schöne Pool-Anlagen großes Aerobicangebot, ab 120 $/Monat
  Hauptstudio: „Golden Keys“, Minskaja Uliza 1 a - Tel. 723 73 26
- **Fit and Fun:** zentral gelegenes, sehr schönes Studio, umfangreiches Gymnastikangebot, ab 250 $/Monat
  Chistoprudnij Bulwar 12/1 - Tel. 924 43 15
- **World Class Fitness Center:** 2 sehr gut ausgestattete Studios in Moskau, Aerobic, ab 250 $/Monat
  Prospekt Wernadskowo 101/3 – Tel. 974 32 00, Shitnaja Uliza 14/2 – Tel. 239 19 94
- **International Studio Aerobic Workout:** Aerobic-Stunden aller Art, ab 2 $/Stunde
  Uliza Maksimova – Tel. 196 73 52

Beliebt sind diese Studios nicht nur bei Expatriates sondern auch bei Russen mit entsprechendem Geldbeutel. Wenn man nicht nur Sport treiben, sondern auch soziale Kontakte knüpfen möchten, sollte man sich bei einem Klub anmelden, in dem nicht nur „Neue Russen“ verkehren. Bereits die Anzahl westlicher Luxus-Limousinen auf dem Parkplatz gibt Aufschluss über die Klientel. Russische Studios können mit dem Glamour amerikanischer Einrichtungen nicht mithalten, werden aber von „ganz normalen“ Leuten besucht und sind viel preisgünstiger, z. B.

- **Olympiiskij Sport Complex:** gut ausgestattetes Fitnessstudio und Schwimmbäder, ab 18 $/Monat
  Prospekt Mira 12, Metrostation „Prospekt Mira“ - Tel. 288 87 39, 288 37 62
- **Cherjomushkij:** Fitneßstudio ab 13 $/Monat, Pool, Sauna und Aerobicstunden extra
  Profsojusnaja Uliza 62 - Tel. 128 47 78, 120 71 90
- **Chaika Sport Complex:** Fitnessstudio, Sauna, Freibad, ab 35,40 $/Monat
  Turchaninov Pereulok 1/3, Metrostation „Park Kultury“ , Tel. 246 13 44

Russische **Schwimmbäder** entsprechen nicht immer westlichen Vorstellungen von Hygiene und Sauberkeit. Dafür muss der Besucher ein ärztliches Gesundheitszeugnis vorlegen. Es handelt sich mehr um eine Formsache als um echtes Interesse am Gesundheitszustand. In größeren Schwimmhallen können Sie die Untersuchung gegen Bezahlung vor Ort durchführen lassen, oder fragen Sie Ihren Arzt, ob er Ihnen eine solche *Spravka* ausstellt. In der Zeitschrift *„Iz Ruk v Ruki“* werden im übrigen *Spravkas* zum Kauf angeboten. Außer im Olimpiiskij und im Chaika Sport Complex befindet sich ein großes Schwimmbad im Olympischen Dorf (Olimpiskaja Derevnja, Mitschurinskij Prospekt 2, Metrostation „Jugo-Sapadnaja“ - Tel. 437 06 98). Der Eintritt kostet ab 25 Rubel. Gepflegte Pools finden Sie in internationalen Hotels (z. B. im Penta Rennaissance Hotel oder Mezhdunarodnaja Hotel – Adressen siehe Kapitel „Erste Schritte“). Die Eintrittspreise betragen allerdings ab 20 $.

Entspannend und mit wenig zeitlichem Aufwand verbunden ist ein Besuch in einem russischen **Badehaus**. Russen schwören auf Saunabesuche und leichte Schläge mit Birkenzweigen zur Anregung der Durchblutung. Männer treffen sich regelmäßig mit Freunden in der *Banja* zu geselligen Runden. Achtung: Es gibt eine Reihe von „Saunaclubs“, in denen Sie nicht nur heißer Dampf zum Schwitzen bringen soll. Ein besonderes Erlebnis russischer Bäderkultur bietet ein Besuch in Moskaus ältester *Banja* - den **Sandunowski-Bädern** mit Dampfbad, Sauna und Massage (getrennte Männer- und Damenabteilung): Neglinaja Uliza 14, Gebäude 3 – 7, Nähe Metrostation „Kuznetskij Most“, Telefon 925 46 31.

Reitställe bieten Gruppen- und Einzelunterricht an. Mitunter findet man einen Englisch sprechenden Reitlehrer, z. B. bei

- **Bitsa (Konno-sportiwni Komplex):** ab 160 Rubel/Stunde
  Balaklavskij Prospek 33, Metrostation „Kaluzhskaja“, Bus Nr. 28, 671, 624 – Tel. 318 57 44, 318 05 55, 318 58 60
- **Hippodrome:** ab 150 Rubel/Stunde
  Begowaja Uliza 22, Metrostation „Begowaja“ – Tel. 945 66 11

Tennisplätze können z. B. auf folgenden Anlagen gemietet werden:

- **Luzhniki:** Hart-, Grasplätze und Kunstoffbelag
  Luzhnetskaja Nabereshnaja - Tel. 201 1164, 201 0321
- **Master:** Tennisschule mit 15 Hartplätzen, Erwachsene: 10 $/Stunde, Kinder: / $/Stunde
  Schschjolkowskoje Shossee 11 - Tel. 152 92 **77**
- **Russian Tennis Club:** 4 offene und 1 geschlossener Kunstoffplatz, Bar, Sauna, Fitnessstudio
  Uglicheskaja Uliza 13 - Tel. 909 30 11
- **Tennis Center:** 2 offene 1 geschlossener Platz, Sauna
  Uliza Kasatina 19 - Tel. 282 24 14

Über einen 18-Loch-Golfplatz sowie ein großes Fitneßcenter, Schönheitsfarm und Tennisplätze verfügt der **Meridien Moscow Country Club** in Nakhabino. Wer keine Mitgliedschaft abschließen möchte (ab 27.000 $ Mitgliedsbeitrag, ab 1.750 $ Jahresbeitrag $!) kann für derzeit 75 $ auch einfach eine Runde drehen. Die Fahrzeit beträgt mit dem Auto von der Stadt 40 – 60 Minuten. Informationen erhalten Sie bei:

Meridien Moscow Country Club
Nakhabino (über den äußeren Ring, Abfahrt „Kransogorsk“, nach Krasnogorsk weiter Richtung Nakhabino)
Tel. 926 5919
Fax 564 34 33
E-mail: le.meridien@mcc.co.ru

Jogger kommen in den großen Moskauer Parks und Grünanlagen auf ihre Kosten, allerdings sollte man ein wachsames Auge auf freilaufende Hunde haben. Kampfhunde sind beliebt und tragen selten den vorgeschriebenen Maulkorb. Während der Wintermonate und bei Tauwetter sind viele Wege leider unpassierbar, was die Laufsaison auf die Monate Juni bis September reduziert. In den übrigen Monaten empfiehlt es sich, die Strecken auf **Langlaufskiern** zurückzulegen. Langlauf ist in Russland sehr populär. In allen Parks werden Loipen gezogen, und Sie finden sicher eine Strecke in der Nähe Ihrer Wohnung. Der lange Winter lädt auch zum **Schlittschuh laufen** auf den gefrorenen Seen der Parks ein. Besonders schön kann man auf den gefluteten Wegen des Gorki Parks (Metrostation „Park Kultury" oder „Oktjabrskaja") laufen. Hier befindet sich auch ein Schlittschuhverleih. Im lebhaften Sokolniki Park (Metro. „Sokolniki") kann man Schlittschuhe und Langlaufski leihen. Kleinere Fußballplätze verwandeln sich im Winter in Eislaufbahnen, die man in der Regel frei oder gegen eine geringe Gebühr nutzen kann.

12.2 Sehenswürdigkeiten

Moskau ist so reich an Kulturdenkmälern und -gütern, dass es wohl Jahre dauert, jedes Museum und jede Kirche wenigstens einmal zu besuchen. Mit einem guten Reiseführer werden Sie die interessantesten Touristen-Adressen mühelos selbst finden, denn eine Metrostation ist meistens in der Nähe. Nachfolgend nur ein paar Tips:

In den meisten **Museen** sind die Exponate nur in russisch beschrieben, und nicht immer gibt es vor Ort eine Informationsbroschüre in einer westlichen Fremdsprache zu kaufen. Für den interessierten Besucher insbesondere des Moskauer Kremls und seiner Museen oder der Tretjakow Galerie empfiehlt sich aufgrund der Größe der Ausstellungen eine professionelle Führung. Diese Museen verfügen über Exkursionsbüros, bei denen man fremdsprachliche Führungen buchen kann, bzw. bieten lizensierte Fremdenführer vor der Tür ihre Dienste an. Die Preise sind Verhandlungssache und abhängig von der Nachfrage. Für eine zweistündige Kremlführung werden ca. 20 $ verlangt.

Sehr gute Führungen in englischer Sprache veranstaltet in Moskau **Patriarshy Dom Tours (Tel. 795 09 27).** Besonders Newcomern in Moskau seien die erschwinglichen Exkursionen als erste Orientierung empfohlen. Im Angebot finden sich auch Plätze abseits der üblichen Touristenroute, interessante Rundmärsche durch das Stadtzentrum, Tagesausflüge in die Moskauer Umgebung und Wochenendreisen nach St. Petersburg oder zu den Städten des Goldenen Rings. Auf telefonische Anfrage wird das aktuelle Monatsprogramm mit Preisen per Fax zugesandt.

Nehmen Sie zum Museumsbesuch ihre **Dienstkarte** mit, um nicht Opfer der Preisdifferenzierung für Russen und Ausländer zu werden! Wenn sie diese an der Kasse vorlegen, erhalten sie Eintrittskarten zum günstigen russischen Preis. Karten für ausländische Besucher sind um ein Vielfaches teurer.

In Museen müssen Mäntel und Jacken sowie große Handtaschen immer an der Garderobe abgegeben werden. Lassen Sie als reine Vorsichtsmaßnahme Ausweispapiere und Geldbeutel nicht in der Handtasche. In vielen Museen ist **Fotografieren** nur gegen Gebühr möglich. In jedem Raum sitzt eine Aufpasserin, die ggf. die Erlaubnis sehen will. Je nach Stimmungslage wird Sie Ihnen vielleicht einen Gratis-Schnappschuss erlauben, aber verlassen Sie sich nicht darauf. Im Übrigen verfügen diese Damen oft über ein fundiertes Wissen zu den einzelnen Exponaten, das sie gerne an interessierte Besucher (mit Russischkenntnissen) weitergeben. Auch ins **Lenin-Mausoleum** dürfen Sie keine großen Handtaschen und keinen Fotoapparat mitnehmen. Der diensthabende Wachmann wird Sie gnadenlos zurückweisen, auch wenn Sie ewig in der Schlange angestanden haben. Lehnen Sie das Angebot eines freundlichen Menschen ab, für die Dauer Ihres Besuches auf Ihre Kamera aufzupassen. Unter Umständen sehen Sie beide nie wieder. Ein sicherer

Aufbewahrungsraum (КАМЕРА ХРАНЕНИЯ) befindet sich direkt neben dem Eingang der Metrostation „Alexandrowskij Sad“.

Viele Museen sind **montags geschlossen**.

Empfehlenswert ist in den Sommermonaten ab Mai eine Fahrt im **Ausflugsboot** der Moskauer Fluss-Schiffahrtsgesellschaft (Tel. 277 3081, 277 3902) über die Moskwa. Wenn Sie an der Anlegestelle an der Novospasskij Brücke (Metro „Proletarskaja) ein- und am Kiewer Bahnhof (Metro „Kievskasja“) wieder aussteigen, fahren Sie an den bekanntesten Sehenswürdigkeiten der Hauptstadt vorbei und können dabei ein kühles Bier trinken. Die *Tramvaichiki* fahren an Wochentagen von 11.00 bis 21.00 h alle 20 bis 30 Minuten, an Wochenenden von 10.00 bis 21.00 h im 15-Minuten-Takt. Die ca. einstündige Fahrt kostet derzeit für Erwachsene 40 Rubel (80 Rubel am Wochenende), für Kinder von 6 bis 12 Jahren die Hälfte, und Kinder unter 6 Jahren fahren frei. Sie können an jeder Anlegestelle ein- oder aussteigen.

Beim Besuch von **Klöstern** müssen Frauen ein Kopftuch und einen langen Rock tragen. In kurzen Röcken oder Hosen (manchmal sogar in langen Hosen) wird Ihnen der Zutritt verweigert. Wickelröcke und Kopftücher kann man in manchen Klöstern für die Dauer des Aufenthaltes leihen. Sie sollten jedoch bedenken, daß der vorherige Träger vielleicht nicht Ihre Vorstellungen von Körperpflege teilt.

12.3 Ausflüge ins Grüne ....

... für ein paar Stunden

Moskau ist eine grüne Stadt. Die weitläufigen **Parks** lohnen zu jeder Jahreszeit einen Besuch. In den warmen Monaten bevölkern Sonnenhungrige die Wiesen, im Winter können Sie hartgesottenen Moskowitern beim Schwimmen im eiskalten Wasser zusehen und zu jeder Jahreszeit warten unzählige Angler an jedem noch so trüben Gewässer auf den großen Fang. In vielen Parks sind Volleyball-, Fußball- und Picknickplätze angelegt. Außerdem wird Ihnen an jeder Ecke ein kühles Getränk oder ein heißes Schaschlik angeboten.

Wer friedliche Spaziergänge bevorzugt, sollte die Parks meiden, die sich in Rummelplätze verwandelt haben. So müssen Sie im Gorky Park und Sokolniki Park schon eine große Distanz zurücklegen, um dem Gedröhne aus den Lautsprechern unzähliger Fahrgeschäfte und Freiluftkneipen zu entfliehen. Besonders im Sommer erfreuen sich Parkanlagen einer Besucherzahl, die einem Massenauflauf nahe kommt. Dennoch können Sie in einem der folgenden namhaften Moskauer Parks, die zudem leicht mit öffentlichen Verkehrsmitteln erreichbar sind, recht beschaulich spazieren:

- **Fili Park und Fili Kuntsewskij Park:** Verbinden Sie einen Besuch auf dem CD-Markt (siehe Kapitel 6 „Einkaufsmöglichkeiten“) mit einem Spaziergang zum Moskwa-Ufer. Ruhige Picknick- und akzeptable Kinderspielplätze.
  Metrostation „Filjewskij Park“ oder „Pionerskaja“
- **Kolomenskoje Park:** Wenn Sie das architektonische Freilichtmuseum (Besuch sehr lohnend) mit seinen Touristengruppen hinter sich gelassen haben, finden Sie ausgedehnte Wandermöglichkeiten.
  Metrostation „Kolomenskaja“
- **Tsaritsino Park:** malerischer Park mit idealen Flecken für das sonntägliche Picknick, Restaurant mit schönem Biergarten, See mit Bootsverleih
  Metrostation „Tsaritsino“
- **Bitsevskij Park:** im Winter ein Paradies für Rodler und Langläufer, ruhige Spazierwege
  Metrostation „Bitsevskij Park“

- **Izmailovskij Park:** vom Trubel des naheliegenden Souvernirmarktes unberührt findet man auch hier ruhige Wanderwege
  Metrostation „Izmailowskij Park" oder „Izmailowskaja"
- **Naherholungsgebiet Serebryanij Bor („Silberwäldchen"):** schönes Waldgebiet mit ausgedehnten Spazierwegen, Kinderspielplatz, schöne Langlauf- und Rodelmöglichkeiten, Bademöglichkeiten, Bootsverleih
  Metrostation „Polezhaewskaja", von dort Trolleybus 20, 21, 65
- **Kuskowo:** ehemaliger Landsitz der Sheremtjews: das Schloss, das holländische Haus und die größte Porzellanausstellung Russlands im ehemaligen Gewächshaus lohnen einen Besuch ebenso wie ausgedehnten Parkanlagen
  Uliza Junosti 2, Metrostation „Rjasanskij Prospekt", von dort Bus 133 oder 208

In Moskau sucht man an heißen Sommertagen vergebens nach einem Freibad mit Liegewiesen. Die Moskowiter springen einfach in jeden Teich und Tümpel ungeachtet der Wasserqualität. Wer diesem Beispiel folgen möchte, sollte sich vorab schon mal nach einem guten Hautarzt erkundigen. Abgesehen davon sind die gängigen Badeplätze sehr überlaufen, mit Müll übersät und verfügen selten über Toiletten. Das **Baden** in der Moskwa wird im Westen der Stadt als weitgehend unbedenklich eingestuft, da der Fluss die Industriegebiete noch nicht passiert hat. Je weiter entfernt der Badeplatz vom Zentrum ist, desto besser. Sehr beliebt und auch mit öffentlichen Verkehrsmitteln erreichbar sind die Badeplätze im **Silberwäldchen**. Der Strand Nr. 3 wird überwacht und Nacktbade-Fans finden hier auch einen eigenen Strandabschnitt. Wer ein Auto hat, sollte Moskau in westliche Richtung über die **Rublyowskoje-Uspenskoje Chaussee** (A 105) verlassen. Sie folgt der Moskwa stromaufwärts. Entlang der Strecke führen Feldwege zum Fluss. Die Anzahl der geparkten Autos an einem sonnigen Wochenende gibt Aufschluss darüber, wie beliebt der betreffende Badeplatz ist. Völlige Einsamkeit wird man auch hier nicht finden, aber mit Sicherheit ein ruhiges Plätzchen für ein Picknick oder Sonnenbad (z. B. bei Ilinskoje oder Uspenskoje). Die Strömung der Moskwa ist in diesem Gebiet recht stark. Kinder sollte man nicht unbeaufsichtigt ins Wasser lassen.

.... für einen ganzen Tag

Wer ein Auto hat und dem Betondschungel für einen Tag entfliehen möchte, kann Tagesausflüge in die reizvolle Moskauer Umgebung unternehmen. , z. B. zu folgenden Zielpunkten:

Eine Fahrtstunde vom Zentrum in westliche Richtung bei Nakhabino befindet sich die Anlage des **Moscow Golf & Country Club.** Neben Golf werden je nach Jahreszeit viele andere Aktivitäten, z. B. Fahrten im Schneemobil oder Hundeschlitten, Bootsverleih u. v. m. angeboten. Auf dem Gelände findet man sehr schöne Spazierwege, einen Kinderspielplatz und einen Badesee, dessen Wasserqualität kontrolliert wird. Es können Grillplätze für eine Party im Freien gemietet werden. Die Preise sind so exklusiv wie die Anlage. Nichtmitglieder müssen sich vorab einen Passierschein ausstellen lassen (Telefonnummer unter „Sport").

Etwa gleich weit entfernt, ebenfalls im Westen, liegt **Archangelskoje**, ein ehemaliger Fürstenwohnsitz. Während das Schloss wegen Renovierung nicht zugänglich ist, steht die schöne Parkanlage entlang der Moskwa Besuchern offen. An einem Seitenarm des Flusses sind Badeplätze angelegt. Mit dem Auto erreichen Sie Archangelskoje über die Wolokamskoje Shosse. Umständlicher ist die Fahrt mit dem Bus 549 von der Metrostation „Tushinskaja", da man zuweilen lange auf den nächsten Bus warten muss.

Landschaftlich schön mit vielen Seen, Wäldern und Hügeln ist besonders im Sommer die Gegend um **Swenigorod** und **Istra**. Beide Städtchen liegen westlich von Moskau sind in ca. 1 ½ Stunden Fahrzeit vom Zentrum aus zu erreichen (ca. 60 km über Wolokamskoje Chaussee). In Istra lohnt das Neu-Jerusalemer-Kloster aus dem 17. Jahrhundert am Ufer des Istra-Flusses einen Besuch. Das Museum ist von 10.00 bis 17.00 h geöffnet und montags sowie am letzten Freitag eines Monats geschlossen.

Das Haus in **Klin**, in dem Tchaikowsky seine letzten Lebensjahre verbracht hat, ist heute ein Museum. Klin liegt ca. 70 km vom äußeren Ring gerechnet in nordwestlicher Richtung an der M 10.

Ein schöner Tagesausflug in nördliche Richtung führt zu einem der ältesten Klöster Russlands in **Sergijew Possad**. Das Kloster stammt aus dem 14. Jahrhundert und ist Ziel vieler orthodoxer Pilger. In der Dreifaltigkeitskirche finden Sie Ikonen des bekannten Ikonenmalers Rubljow. Das Städtchen liegt ca. 60 km vom äußeren Ring an der M 8. Züge nach Sergijew Possad (ehemals Sagorsk) fahren stündlich vom Jaroslawler Bahnhof ab.

Eine zweckmäßige Orientierungshilfe für Ausflüge in die Moskauer Umgebung mit guten Wegbeschreibungen in alle Himmelsrichtungen ist:

Moscow Region
Country Roadbook
Von Jennifer Louis
Jupiter Associates Ltd., 21 The Waldrons Croydon, Surrey CR0 4HB England
Zu beziehen über:
Information Moscow
Leninskij Prospekt 45/427
117334 Moskau
Tel. 135 11 64
Fax 564 86 61

... für ein Wochenende

Glücklich, wer russische Freunde gefunden hat, die an heißen Sommerwochenenden zum Besuch auf die **Datscha** einladen, und auf diese Weise das russische Landleben genießen kann. Eine eigene Datscha für die Sommermonate zu mieten, ist eine kostspielige Angelegenheit. Für Sommerhäuser mit Komfort muss man tief in die Tasche greifen, und selbst Privatanbieter vermieten ihr eigenes Häuschen 100 km vor der Stadt ohne Sanitäranlagen und Wasser noch für einige Hundert Dollar im Monat. Immobilienmakler (siehe Kapitel 7 „Die neue Wohnung") haben auch Sommerhäuser im Angebot. Wer ein erholsames Wochenende fern vom Großstadtlärm in schöner Natur verbringen möchte und keine Datscha zur Verfügung hat, dem seien die folgende Plätze nahe Moskau empfohlen:

- **Zavidovo Freizeit-Komplex der GlavUpDK:**
  120 km von Moskau in nordwestliche Richtung, M 10 - Abfahrt „V. Shosha".
  Die Anlage liegt landschaftlich wunderschön an der Wolga und dem kleinen Fluss Shosha. Es können Hotelzimmer und Cottages mit eigener Küche gemietet werden. Die Ausstattung entspricht westlichem Standard und die Preise sind relativ günstig: Zimmer kosten derzeit 50 $ pro Person. Hier kommt man auch mit Englisch weiter.
  Freizeitangebot: Wassersport, Tennis, Tischtennis, Squash, Fitnesscenter, Reiten, Sauna, Türkisches Bad, Solarium, Jagd- und Angelausflüge, Grillplätze, Wintersport.
  Auskünfte in Moskau unter: 937 99 42/4, 937 99 30/1

- **Solnetchnaja Poljana („sonnige Lichtung"):**
  Erholungsheim mit Konferenzmöglichkeiten 18 km von Swenigorod, ca. 1½ Stunden Fahrzeit von Moskau an der Moskwa.
  Das Ambiente erinnert immer noch ein wenig an die Sowjetzeit, dafür sind die Preise sehr günstig und das Freizeitangebot groß: Tennis, Tischtennis, Fußball, Volleyball, Reiten, Fahrradverleih, Sauna, Solarium, Jagd- und Angelausflüge, viele Aktivitäten für Kinder. Hotelzimmer und Cottages (3 Schlafzimmer). Ein Zimmer ist schon ab 25 $ pro Person zu haben. Hier hilft es weiter, wenn man wenigstens ein bisschen Russisch spricht.
  Telefonische Auskunft in Moskau unter: 592 60 45 (bis 8.00 - 18.00 h)
  592 60 47 (rund um die Uhr)
  592 60 09 (Fax)

- **Hotel Valutinki**
  Nur 16 km vom äußeren Ring an der Kaluzhkoje Shosse – ideal für einen Kurztrip - liegt dieses kleine Hotel am Ufer des Desna Flusses in einem ursprünglichen Waldgebiet von über 400 ha. Zimmer und Suites mit westlichem Standard zu günstigen Preisen, Fitnesscenter, Sauna, Basketball, Tennis, Volleyball, Wandermöglichkeiten, Langlauf.
  Telefonische Auskunft unter: 334 61 03, 334 58 75
  334 50 75, 549 57 42 (Fax)

12.4 Restaurants und Kneipen

In der Freitagsausgabe von *Moscow Times* und *Moscow Tribune* wird ein aktueller Führer durch die gastronomische Szene und das Nachtleben Moskaus veröffentlicht. Die recht detaillierten Angaben zu Qualität, Preisen, Publikum, Musikrichtung usw. geben eine nützliche Orientierungshilfe ab.

Mittlerweile ist das gastronomische Angebot so groß, dass selbst Liebhaber nepalesischer Küche in Moskau ein geeignetes Restaurant finden werden. Wenn auch in vielen Fällen die Qualität des Essens hinter den Preisen zurückbleibt, lohnt ein Besuch alleine schon wegen der einfallsreichen Innenausstattung mancher Restaurants. So finden Sie im ukrainischen „Shinok" in der Uliza 1905 Goda 2 einen kleinen Bauernhof mit lebenden Tieren inklusive Pferd und Kuh als Dekoration, und das im zweiten Stock. Ähnlich bunt und vielfältig ist die Kneipen- und Nachtklubszene Moskaus. Was fehlt, ist die gemütliche Kneipe „um die Ecke" in den Wohngebieten am Stadtrand. Im Sommer entstehen jedoch auch dort überall am Straßenrand kleine überdachte Sommercafes, und so kann man sein Feierabendbier zwar wenig stilvoll aus Plastikbechern, aber immerhin in Gehdistanz zur Wohnung genießen. In so manchem Moskauer Hinterhof bieten mitten im Zentrum kleine Restaurants ein ruhiges Plätzchen an langen Sommerabenden an. Gemütlich unter Bäumen ißt man gut und günstig z. B. bei *„Starij Faeton"*, einem georgischen Restaurant in der Uliza Povarskaja 52 (Eingang durch das Eisentor, das zum Gebäude des Schriftstellerverbandes führt). Ebenfalls im Freien kann man georgische Küche im Restaurant *„Gvozdi"* in der Bolshaja Nikitskaja Uliza 19 genießen (im Hinterhof der Helikon Oper).

12.5 Konzerte, Oper, Theater und Kino

Die Moskowiter lieben Theater- und Konzertbesuche – kein Wunder, denn das Angebot an klassischen Konzerten, Opern und Ballett ist überwältigend. Auch moderne Theaterinszenierungen werden immer populärer. Die Veranstaltungen beginnen fast ausschließlich bereits um 19.00 h, so dass man nach der Vorstellung problemlos mit öffentlichen Verkehrsmitteln nach Hause fahren kann. An Wochenenden geben einige Theater auch Nachmittagsvorstellungen. In der Freitagsausgabe von *Moscow Times* und *Moscow Tribune* und der monatlich erscheinenden *Deutsche Moskauer Zeitung* sind die

Veranstaltungen, Adressen und Telefonnummern der bekanntesten Theater und Konzertsäle veröffentlicht. Einen umfangreichen **Veranstaltungskalender** in russischer Sprache ist *ВАЩ ДОСУГ*, eine Zeitschrift, die jeden Mittwoch erscheint und an Zeitungsständen erhältlich ist.

Eintrittskarten sind für den Devisenausländer sehr günstig. Da telefonische Bestellungen meist nicht möglich sind, bleibt einem der Weg zur Vorverkaufskasse des Theaters nicht erspart (Öffnungzeiten in der Regel von 12.00 – 19.00 h, Mittagspause von 14.00 – 15.00 h). Eintrittskarten können auch an speziellen Kiosken (ТЕАТРАЛНАЯ КАССА) in Metrostationen, Unterführungen oder an der Straße gekauft werden. In vielen Metrostationen befinden sich außerdem Verkaufsstände, die auf Tafeln die Veranstaltungen auflisten, für die Karten verfügbar sind. Beliebte Stücke sind schnell ausverkauft, so dass man sich rechtzeitig um Eintrittskarten kümmern sollte. Schwarzhändler bieten vor Ort kurz vor der Vorstellung Karten an, jedoch zu einem Vielfachen des regulären Preises.

Das Moskauer Kulturleben erreicht seinen Höhepunkt in den Wintermonaten. Viele Theater schließen im Sommer für mehrere Wochen. Dafür finden in dieser Zeit in folgenden Parks Veranstaltungen statt:

- **Kuskowo:** Klassische Konzerte in der Konzerthalle
  Uliza Junosti 2, Metrostation „Rjasanskij Prospekt" und Bus 133 und 208, Tel. 370 01 60
- **Ostankino:** Klassische Konzerte in Ägyptischen Pavillion des Landsitzes
  1. Ostankinskaja Uliza 5 A, Metrostation „BDnCH", Tel. 286 62 88
- **Sokolniki Park:** Folklorekonzerte , klassische und populäre Musik auf verschiedenen Bühnen im Park (kein Eintritt)
  1. Sokolnicheskij Wal, Metrostation „Sokolniki", Tel. 168 60 11, 268 54 30.

Ausländische Produktionen erfreuen sich in russischen **Kinos** großer Beliebtheit. Meist sind die Filme mit russischen Untertiteln versehen oder synchronisiert. Zweifelhaft für den Zuschauer – ganz gleich ob Russe oder Ausländer – wird das Kinoerlebnis, wenn der Film lediglich russisch übersprochen ist, denn Originaltext und Übersetzung sind gleichzeitig zu hören. In folgenden Kinos werden die neuesten ausländischen Filme in der Originalfassung gezeigt:

- **American House of Cinema:**
  Hotel Radisson Slawanskaja, 2. Stock. Berezhkowskaja Naberershnaja 2, Tel. 941 87 47, Metrostation „Kiewskaja"
- **Dome Cinema:**
  Penta Renaissance Hotel, Olimpiiskij Prospekt 18/1, Tel. 931 98 73, Metrostation „Propspekt Mira"
- **Cinema Center** (Kinotsentr):
  Druschinnnikowskaja Uliza 15, Tel. 205 73 06, 255 96 92, Metro „Krasnopresnenskaja"

13 Mit Kindern in Moskau

Moskau ist nicht unbedingt eine kinderfreundliche Stadt. Schon der gefährliche Straßenverkehr verhindert, dass sich Kinder frühzeitig ohne Begleitung fortbewegen können. Der russische Nachwuchs wächst sehr behütet auf. Im Vergleich zu Westeuropa sieht man in Moskau kaum Kinder alleine auf der Straße oder in öffentlichen Verkehrsmitteln. Wegen der Berufstätigkeit vieler Mütter werden die Kleinen tagsüber zumeist in der Obhut einer fürsorglichen Großmutter belassen, die die Enkel auf allen Wegstrecken begleitet.

Bei der Wohnungssuche sind Familien mit Kindern gut beraten, mehr Augenmerk auf die Wohnlage des neuen Zuhauses zu richten, als auf dessen Ausstattung: Eine sehr schöne Wohnung weit entfernt von Schule, Kindergarten oder sonstigen Lieblingsorten der Kinder freut Ihren Tankwart, doch nicht unbedingt die treu sorgende Ehefrau, die aufgrund der langen Fahrwege zum Vollzeit-Chauffeur für die Kinder avanciert. Falls Ihr Nachwuchs sich noch im Kinderwagen durch die neue Heimat bewegen wird, achten Sie auf einfach zu erreichende Spaziermöglichkeiten in Wohnungsnähe, denn nur wenige Straßenunterführungen verfügen über eine geeignete Rampe. Öffentliche Verkehrsmittel mit Kinderwagen zu benutzen ist eine nervenaufreibende Sache, da die Türöffnungen der meisten Busse zu klein ausgelegt und im Fahrgastraum keine Stellplätze vorhanden sind. Ein Buggy sollte deshalb leicht in eine „Regenschirm“-Form zusammenklappbar sein.

Nicht zuletzt am Engagement internationaler Schulen vor Ort über die Unterrichtszeit hinaus, liegt es, dass ein Russlandaufenthalt auch für Kinder zu einem schönen und einprägsamen Erlebnis werden kann. Und wenn Sie Ihren Nachwuchs der Obhut eines russischen Kindermädchens anvertrauen, lernt er vielleicht die ersten Worte in Russisch.

13.1 Deutsche Schule und Kindergarten

Die Deutsche Schule Moskau liegt am südwestlichen Stadtrand von Moskau (Nähe Metro Jugo-Zapadnaja) nahe an einem Waldgebiet. Die Schule wurde 1996 grundlegend renoviert und verfügt über eine sehr moderne Ausstattung, die weit über dem Niveau vieler Schulen in Deutschland liegt. Die Deutsche Schule Moskau ist eine anerkannte deutschsprachige Auslandsschule, die alle Jahrgangstufen von der 1. bis zur 13. Klasse umfasst. Der Unterricht erfolgt nach den Lehrplänen für allgemeinbildende Schulen des Bundeslandes Baden-Württemberg. Haupt-, Realschulabschluss und Abitur verleihen dieselbe Berechtigung wie bundesdeutsche Abschlüsse.

Derzeit werden ca. 340 Schüler an der Schule unterrichtet, wobei rund 1/3 der Schüler die Grundschule und 2/3 eine weiterführende Schule besuchen. Aufgrund der niedrigen Zahl von durchschnittlich 16 bis 18 Schülern pro Klasse können Kinder auch kurzfristig aufgenommen werden. Schuljahresbeginn ist im August.

Aufgenommen werden Schüler, die Deutsch auf muttersprachlichem Niveau sprechen. Gegebenenfalls wird in einer Aufnahmeprüfung festgestellt, ob der Sprachumfang des Schülers für den Schulbesuch ausreicht. Die deutsche Staatsangehörigkeit ist nicht Voraussetzung. Kinder mit deutschem Pass werden jedoch in der Regel aufgenommen.

13.1.1 Besonderes zum Unterricht

Die Deutsche Schule Moskau ist „de jure“ ein Gymnasium. Aufgrund der begrenzten Schülerzahl kann kein getrennter Haupt- und Realschulzweig eingerichtet werden. Klasse 5 und 6 dienen als Orientierungsstufen. Am Ende der 6. Klasse findet eine Einstufung in die verschiedenen Schulformen statt. Danach wird in den Hauptfächern Deutsch, Mathematik und Englisch in getrennten Lerngruppen entweder nach Gymnasial- oder Realschullehrplänen unterrichtet. In den Nebenfächern findet eine Binnendifferenzierung im Klassenverband statt.

Russischunterricht wird für alle Kinder von Klasse 1 bis 10 nachmittags in Form von freiwilligen Arbeitsgemeinschaften auf unterschiedlichem Sprachniveau (einmal wöchentlich 2 Stunden) angeboten. Es wird zu Beginn jedes Schuljahres ein Intensivkurs Russisch für Kinder ohne Vorkenntnisse angeboten (ein halbes Jahr lang zweimal wöchentlich 2 Stunden), nach dessen Abschluss die Kinder sprachlich „überlebensfähig" sind. Ab der 7. Klasse kann als zweite Fremdsprache zwischen Russisch und Französisch gewählt werden. Schulbücher werden gestellt.

13.1.2 Hort,Kantine,Schulbus,Freizeitaktivitäten

Kinder der Grundschule können nachmittags bis 17.00 h im Hort untergebracht werden. Dieses Angebot nimmt derzeit ca. die Hälfte der Eltern wahr. Hausaufgaben werden beaufsichtigt. Es finden Spiele und Ausflüge statt, die Kinder können sich sportlich und musisch betätigen.

Es ist eine Schulkantine vorhanden, die neben einem reichhaltigen Mittagessen auch Pausensnacks anbietet. Die Schulverpflegung ist nicht in den Schulgebühren enthalten.

Der Schulbusdienst der deutschen Schule bedient unterschiedliche Routen mit einem recht dichten Haltestellennetz, das jedoch nicht das ganze Stadtgebiet abdeckt. Die Busse fahren vorwiegend im Süwesten/Westen der Stadt bis zur Deutschen Botschaft, zum Kutusowskij Prospekt und zum Oktoberplatz. Die Routenpläne können und sollten vor der Wohnungswahl im Einzelnen bei der Deutschen Schule erfragt werden (siehe Adresse).

Die Deutsche Schule versteht sich zusätzlich auch als Freizeitmittelpunkt für ihre Schüler. Es wird ein umfangreiches, nach Klassenstufen differenziertes Programm an Nachmittagsaktivitäten angeboten. An Sportarten kann z. B. zwischen Basketball, Fitness, Eishockey, Fußball, Tauchen, Turnen, Tanz, Judo, Schwimmen und Volleyball gewählt werden. Eine Naturwissenschafts-, Informatik- und Schach-AG gehört ebenso zum Angebot wie Kunst-, Photo und Floristikkurse, Töpfern, Seidenmalerei und Theater-AG`s. Die Schule gibt jedes Halbjahr eine aktuelle Informationsbroschüre über die Arbeitsgemeinschaften heraus.

13.1.3 Tarifübersicht

Zur Zeit gelten folgende Tarife (gültig bis 2000):

Schulgeld	**Jahresbetrag**	**Ratenzahlung in 4 Raten**
1. Kind	7.600 DM	1.957 DM
2. Kind	7.456 DM	1.920 DM
3. Kind	7.315 DM	1.884 DM
4. Kind	7.177 DM	1.848 DM
5. Kind	7.041 DM	1.813 DM

Bei Geschwisterermäßigung zählen nur Schulkinder.

Hort	**Jahresbetrag**	**Ratenzahlung in 4 Raten**
Vollzeit pro Kind	3.800 DM	979 DM
Teilzeit: 3 Tage / Woche	2.280 DM	587 DM
Teilzeit: 2 Tage /Woche	1.520 DM	391 DM

Busgebühr	**Jahresbetrag**	**Ratenzahlung in 4 Raten**
Zone I	2.200 DM	567 DM
Zone II	2.500 DM	644 DM
Zone III	3.050 DM	785 DM
Zone IV	3.200 DM	824 DM

Zur Zwischenfinanzierung von Sonderausgaben und Investitionen größeren Umfangs wird eine Kaution von 1.600 DM je Familie erhoben, die bei Abmeldung von der Schule zuzüglich 2 % Jahreszinsen rückerstattet wird.

Ist eine Aufnahmeprüfung erforderlich, wird eine Gebühr von 50,00 DM erhoben.

Die Teilnahmegebühr für Arbeitsgemeinschaften beträgt 50,00 DM pro Schulhalbjahr. Dem Unterricht besonders nahestehende Arbeitsgemeinschaften sind kostenlos.

13.1.4 Deutscher Kindergarten

Auf dem Gelände der deutschen Schule befindet sich ein modern ausgestatteter Kindergarten mit großer Freispielfläche. Eine Zweigstelle des Kindergartens ist in der Deutschen Botschaft untergebracht. Derzeit besuchen ca. 90 Kinder den Kindergarten. Die Gruppenstärke liegt deutlich unter der eines durchschnittlichen inländischen Kindergartens. Die Kinder können halbtags (8.00 – 13.00 h) oder ganztags (8.00 – 17.00 h) untergebracht werden. Für russischsprachige Kinder wird Förderunterricht in Deutsch angeboten.

Da der Kindergarten gut besucht ist, empfiehlt sich eine frühzeitige Anmeldung. Die Gebühren betragen derzeit (gültig bis 2000):

Kindergarten	**Jahresbetrag**	**Ratenzahlung in 4 Raten**
Ganztags: 1. Kind	5.900 DM	1.519 DM
2. Kind	4.800 DM	1.236 DM
3. Kind	3.700 DM	953 DM
Halbtags: 1. Kind	4.100 DM	1.056 DM
2. Kind	3.400 DM	876 DM
3. Kind	2.700 DM	695 DM
Mutter-Kind: pro Kind	1.600 DM	412 DM

Bei der Geschwisterermäßigung zählen nur Kindergartenkinder. Essensgeld ist nicht enthalten und bei Bedarf im Kindergarten zu entrichten.

Die Kautionsregelung entspricht der der Schule (siehe oben)

Für den Weg vom und zum Kindergarten steht keine organisierte Transportmöglichkeit zur Verfügung. Der Schulbus nimmt ausschließlich Schulkinder mit.

13.1.5 Kontaktadresse

Informationen zur Deutschen Schule und zum Deutschen Kindergarten können unter folgenden Anschriften angefordert werden:

Postanschrift:	Deutsche Schule Moskau Postfach 1500 D-53105 Bonn
Anschrift in Moskau	117526 Moskau Prospekt Wernadskowo 103/5 Deutsche Schule Moskau
Telefon:	007 095 433 33 48
Fax:	007 095 434 73 95
e-mail:	dsmoskau@aha.ru
homepage:	www.aha.ru/~dsmoskau und www.dsmoskau.da.ru

13.2 Internationale Schulen

Die **Anglo-Amerikanische Schule** in Moskau ist eine Tagesschule mit angegliedertem Kindergarten, die vom Vorschulalter bis zur 12. Klasse unterrichtet. Die Schule wurde bereits 1949 für die amerikanische, britische und kanadische Ausländergemeinde gegründet, nimmt aber auch qualifizierte Schüler anderer Nationen auf. Derzeit werden ca. 750 Schüler aus mehr als 40 Ländern unterrichtet. Unterrichtssprache ist Englisch, die Klassenstärke liegt bei 12 bis 20 Schülern.

Der Schulbetrieb ist unterteilt in

- **Kindergarten/Primary School (bis 3. Klasse)**
  Bolshaja Cherjomushkinskaja Uliza 39
  Tel. 733 97 40, Fax 733 97 43, E-mail primaryoffice@aasmail.msk.ru
- **Upper Elementary/Middle School (Klassen 4 – 8)**
  Leninskij Prospekt 78
  Tel. 131 87 00, Fax 131 87 56, E-mail aas@glas.apc.org
- **Upper School (Klassen 9 – 12)**
  Bolshoi Deviatinskij Pereulok 9 (Gelände der Amerikanischen Botschaft)
  Tel. 956 42 04, Fax 956 42 02, E-mail aasupschool@glas.apc.org

Der Lehrplan der Primary, Middle und Upper Elementary School basiert auf Lehrplänen aus USA, England und Kanada für entsprechende Klassenstufen. Zu den Hauptfächern zählen englische Sprache und Literatur, Sozialkunde, Mathematik und Naturwissenschaften. In den Oberstufe (Klassen 11 und 12) werden das „High School Diploma", das **nicht** dem deutschen Abitur gleichgestellt ist, und zusätzlich das anspruchsvollere „International Baccalaureate" angeboten. Eine Vielzahl von sportlichen, musischen, kreativen Aktivitäten außerhalb des Lehrplans ergänzen das Angebot der Schule.

Informationen über Zulassungsbedingungen und Fragebögen für Bewerber erhalten Sie unter folgenden Adressen:

Anglo American School of Moscow
c/o American Embassy
P.O. Box M 00140
Helsinki
Finland

Anglo American School of Moscow
Business Office
Leniniskij Prospekt 87 a
117261 Moskau
Tel. 132 22 00, 564 80 33, Fax 564 80 33, E-mail aasoffice@glas.apc.org

Die **British International School** unterrichtet seit 1994 Kinder im Alter von 3 bis 18 Jahren und steht allen Nationalitäten offen. Unterrichtssprache ist Englisch, als Abschluß wird das „International General Certificate of Secondary Education“ und A-Level-Zulassung zu internationalen Universitäten angeboten. Der Unterrichtsbetrieb basiert auf dem Britisch National Curriculum. Wahlweise wird nach russischem Lehrplan ein Diplom für den Zugang zu russischen Universitäten angeboten. Aktivitäten außerhalb der Unterrichtszeit sind mit denen der Anglo-Amerikanischen Schule vergleichbar.

Informationen über Zulassungsbedingungen erhalten Sie bei:

British International School
Novojasenewskij Prospekt 19, Korpus 5
117 593 Moskau
Tel. 426 03 11, 425 51 00
Fax 426 38 11, 426 54 00
E-mail bism3@glasnet.ru

Die jährlichen Schulgebühren liegen bei der Anglo-Amerikanischen und British International School bei 10.000 bis 13.000 $ pro Kind. Beide Schulen verfügen über einen Schulbusdienst.

In Moskau gibt es darüber hinaus eine französische, italienische, finnische und schwedische Schule. Auch Nationen wie z.B. Indonesien, Iran und Japan sind mit eigenen Bildungseinrichtungen vertreten. **Ganz gleich für welche Schule man sich entscheidet, wichtig ist zu prüfen, inwieweit die entsprechenden Abschlüsse in Deutschland anerkannt werden. Hier helfen die Kultusministerien der Länder mit Auskünften weiter.**

Einige Eltern entscheiden sich, ihre Kinder in eine russische Schule oder Kindergarten zu schicken. Unter www.infoservices.ru finden Sie eine Auflistung von Schulen, die in Moskau empfohlen werden. Erfahrungen und Meinungen gehen weit auseinander. Recht einhellig wird bestätigt, dass in russischen Schulen Unterrichtsniveau und Lerninhalte mit westeuropäischen Schulen durchaus mithalten können oder sogar höher liegen, aber wesentlich mehr Wert auf Disziplin und Ordnung und weniger auf Kreativität und Eigeninitiative gelegt wird.

13.3 Freizeitaktivitäten für Kinder

Da Spielen und Rad fahren direkt vor der Haustür wegen belebter Straßen oft nicht möglich ist, bleiben den Eltern Fuß- und Fahrwege zum nächsten Park oder Spielplatz nicht erspart. **Kinderspielplätze** in den Wohngebieten sind leider oft in einem desolaten Zustand, entsprechen selten westeuropäischen Sicherheitsstandards und werden bei ihrem Nachwuchs kaum Begeisterungsstürme auslösen. Zwei sehr schöne, mit viel Fantasie gestaltete Spielplätze finden Sie in der

- Novocherjomushkinskaja Uliza 24 (9.00 – 21.00, freier Eintritt), Metro „Akademicheskaja“
- Und an den Patriarchen-Teichen (*Partriachije Prudy*, 24 Stunden, freier Eintritt, Metro „Majakowskaja“)

An trüben Wintertagen sind unter den Moskauer **Museen** für Kinder wohl die folgenden am interessantesten:

- **Darwin Museum**: prähistorische Skelette, Fossilien, Fotografien, Skulpturen usw.
  Uliza Wawilowa 7, Metro „Akademicheskaja", täglich außer Montag 10.00 – 18.00 h
- **Paläontologisches Museum**: Dinosaurier, Mumien, Skelette usw.
  Profsojusnaja Uliza 123, Metro „Tjoply Stan", täglich außer Montag 10.00 – 18.00 h
- Zentrum für Kinder im Museum für dekorative und angewandte Kunst: eine lehrreiche und unterhaltsame Führung wird für Kinder angeboten, während der sie z. B. mit exotischen Puppen spielen können oder lernen, wie ein Samowar funktioniert
  Museum na Delegatskoi:
  Delegatskaja Uliza 3, Metro „Sukharevskaja", täglich außer Freitag 10.00 – 17.00 h
- **Puppenmusem**: große Sammlung einzigartiger Puppen aus Frankreich, England, Russland und Deutschland (von 1830 bis Mitte des 20 Jh.)
- Uliza Malaya Dmitrovka 9, Metro „Tverskaja", „Pushkinskaja", täglich außer Montag 10.00 – 14.00 h und 14.30 – 18.00 h, freier Eintritt, Führungen

Einige der renommiertesten Moskauer Theater bieten insbesondere an Sonntagnachmittagen Vorstellungen für Kinder an, z. B. kindertaugliche Ballet-Aufführungen. Russische Kinder werden früh in die Kunst- und Kulturwelt eingeführt, und es ist immer wieder erstaunlich, mit welcher Ruhe und Disziplin selbst Grundschulkinder einem zweistündigen Klavierkonzert von Rachmaninow folgen können. Mangelt es Ihrem Nachwuchs noch an innerer Ruhe und wollen Sie sich die tadelnden Blicke russischer Eltern auf ihren quengelnden Schützling ersparen, empfiehlt sich ein Besuch in einem der folgenden Theater mit höherem Unterhaltungswert für Kinder:

- **Obraztsov Puppentheater**: auch für Kinder ohne Russischkenntnisse ein Erlebnis
  Sadovaja-Samotechnaja Uliza 3, Metro „Majakowskaja" von dort Trolleybus B oder 47
  Tel. 299 53 73, 299 33 10, 299 63 13
  Vorstellungen freitags 14.00 h, samstags und sonntags 11.00 und 14.00 h
- **Musik-Theater für Kinder**: Musicals für Kinder
  Prospekt Wernadskowo 5, Metro „Universität"
  Tel. 930 51 77 , 230 52 43, 930 63 64
  Vorstellungen gewöhnlich um 11.00 h
- **Theater des Jungen Zuschauers** („*Teatr Yunowo Sritelja*"): Theaterstücke für Erwachsene und Kinder
  Mamonowskij Pereulok 10, Metro „Tverskaja", „Pushkinskaja"
  Tel. 299 53 60, 299 99 17
  Vorstellungen gewöhnlich um 19.00 h
- **Jurij Kuklachjow Katzentheater**: Schauspieler sind Katzen
  Kutusowskij Prospekt 25, Metro „Kiewskaja", „Kutuskowskaja"
  Tel. 249 29 07
  Vorstellungen freitags 16.00 h, samstags und sonntags 11.00 und 17.00 h
- **Durov Tiertheater**: die erstaunlichen Kunststücke von Katzen, Hunden, Pferden und anderen Vierbeinern trösten über den intensiven Geruch nach Tieren hinweg
  Uliza Durova 4, Metro „Prospekt Mira"
  Tel. 971 30 47
  Vorstellungstermine wechseln, am Wochenende gewöhnlich 15.00 und 17.30 h (große Bühne) und 11.00 und 14.00 h (kleine Bühne)

Ein absolutes Muss für Kinder ist ein Besuch im **Moskauer Zirkus**. Auch die erwachsene Begleitperson wird dem Zauber der Vorstellungen erliegen, selbst wenn in Zeiten der Wirtschaftskrise viele Artisten für lukrativere Engagements ins Ausland abwandern.

- **Moskauer Zirkus am Tsvetnoi Bulwar (Alter Zirkus):**
  13 Tsvetnoi Bulwar, Metro „Tsvetnoi Bulwar"
  Tel. 200 06 68
  Vorstellungen montags sowie freitags bis sonntags um 19.00 h
- **Zirkus auf den Sperlingshügeln (Neuer Zirkus):**
  Die technische Ausstattung ist höher, die Atmosphäre jedoch nicht so ansprechend wie im alten Zirkus
  Prospekt Wernadskowo, Metro „Universitet"
  Tel. 930 28 15, 930 027 72
  Vorstellungen Mittwoch – Freitag 19.00h, Samstag/Sonntag 15.00 und 19.00 h

Nach einer grundlegenden Renovierung lohnt auch der **Moskauer Zoo** genau an der Metrostation „Barrikadnaja" einen Besuch. An Wochenenden bei gutem Wetter ist er leider ziemlich überlaufen. Unterhaltsam für Groß und Klein sind die Vorstellungen im **Delphinarium** (Mironovskaja Uliza 27, Metro „Semjonowskaja" oder „Izmailowskij Park" und von dort Trolleybus 22). Letzteres ist zwar kein zweites „Sea World", dennoch erorbert die russische Ausgabe von „Free Willy", der Wal Igor, alle Herzen im Sturm. Vorstellungen finden mittwochs, freitags, samstags und sonntags um 14.00, 16.00 und 18.00 h, donnerstags um 16.00 und 18.00 h statt. Telefonische Auskünfte erhalten Sie unter 369 79 66.

14 Reisen in Russland

Die großen Entfernungen lassen sich nur mit Bahn oder Flugzeug überbrücken. Moskau und Novosibirsk liegen doppelt so weit auseinander wie Frankfurt und Madrid. So mancher Geschäftsmann wird schon bald über permanentes Jetlag und die viele Stunden stöhnen, die er auf Bahnhöfen und Flughäfen verbringt. Aber wer das Land wirklich erleben will, muss es sich erreisen. Selbst Moskowiter geben unumwunden zu, daß Moskau nicht gleich Russland ist.

14.1 Mit dem Zug

Eine Zugreise in Russland ist ein kulturelles Erlebnis. Die Züge sind weder modern noch schnell, dafür zuverlässig und gemütlich. Auf den langen Strecken verkehren in der Regel Schlafwagenzüge mit Abteilen für vier Personen in der zweiten und Abteilen für zwei Personen in der ersten Klasse. Wenn Sie alleine reisen und Ihre Privatsphäre schätzen, buchen Sie am besten gleich ein ganzes Abteil. Wenn Sie eine echt russische Zugfahrt erleben wollen, gehen Sie das Wagnis einer Einzelplatzbuchung in einem Viererabteil ein. Der erfahrene Passagier ist gut vorbereitet auf die lange Reise. Unerlässlich sind leichte Sportbekleidung für die Nacht (im Winter werden die Züge total überheizt und die Fenster sind normalerweise verriegelt) und Plastiksandalen für den nächtlichen Gang zur Toilette. Da bei der Belegung der Abteile keine Rücksicht auf Geschlechtsunterschiede genommen wird, sollten Sie sich an folgende Regel halten: Männliche Reisende räumen das Abteil diskret und geschlossen zuerst, um anwesenden Damen Gelegenheit zum Umkleiden für die Nacht zu geben. Weil das Angebot der Zugrestaurants je nach Strecke sehr eingeschränkt und in der Regel teuer ist, bringt man festen und flüssigen Proviant mit, und zwar in solchen Mengen, dass auch die Abteilgenossen verpflegt werden können, sowie Dosen-, Flaschenöffner und Taschenmesser. Weil sich jeder an diese Regel hält, kommt es in den Abteilen nicht selten zu Spontanfeiern mit einem ungeahnten Angebot an Speisen und Getränken. Im Übrigen können Vorräte bei Zwischenstopps an Bahnhöfen aufgestockt werden.

Auf der Fahrkarte sind neben dem Name des Fahrgastes Zug-, Waggon- und Platznummer aufgedruckt. Sollten Sie am Ankunftsort abgeholt werden, findet der Abholer Sie leichter anhand der Waggonnummer, denn russische Züge sind sehr lang.

Ein Waggonschaffner (*Provodnik*) sammelt beim Einsteigen die Fahrkarten der Passagiere ein und behält sie bis zum Ende der Reise in seiner Tasche. Er ist für Sicherheit und Ordnung in seinem Waggon verantwortlich. Gegebenenfalls verschafft er Ihnen auch einen neuen Platz, sollten Ihnen Ihre Abteilgenossen nicht geheuer sein. Ferner sorgt er für Einhaltung des Rauchverbotes in den Abteilen, verteilt Tee und Frühstückspakete und verschließt auf Wunsch das Abteil von außen. Generell sollten Sie Wertsachen nie unbeaufsichtigt zurücklassen. In einigen Zügen erhalten Sie eine Art Vorhängeschloss, mit dem Sie das Abteil von innen zusätzlich verriegeln können. Aschenbecher finden Sie nur in den ungeheizten Zwischenräumen zwischen den einzelnen Waggons, was während der Wintermonate das Rauchvergnügen deutlich einschränkt. Dafür gibt es rund um die Uhr in jedem Abteil heißes Wasser für Tee.

In jedem Waggon gibt es normalerweise zwei Toiletten. Bitte beachten Sie, dass diese frühestens eine halbe bis eine Stunde nach Abfahrt und längstens eine halbe Stunde vor Ankunft zugänglich sind. Toilettenpapier ist spätestens gegen Ende der Reise „vergriffen“.

Wer nicht gleich mit der Transsibirischen Eisenbahn bis nach Peking reisen will, dem bietet sich als erste Erfahrung eine Fahrt mit dem Nachtzug nach St. Petersburg an, z. B. mit dem berühmten „Roten Pfeil“. Da viele Touristen mitfahren, sind die Züge recht komfortabel, verfügen über einen guten Service und plüschige Zugrestaurants. Die Züge fahren gegen Mitternacht ab und erreichen Petersburg nach etwa 8 Stunden.

Moskau hat **9 Hauptbahnhöfe**, von denen Züge in verschiedene Teile Russlands, der GUS und nach Europa abfahren. Alle Bahnhöfe liegen an der Metro-Ringlinie und sind bequem auch ohne Auto zu erreichen:

- **Belorusskij Woksal (Metro „Belorusskaja"):**
  Fernverbindungen nach Westen und Südwesten: Berlin, Köln, Warschau, Vilnius, Minsk, Paris, Prag, Brest, Kaliningrad u. a. m.
  Nahverkehr: Borodino, Golitsyno, Zvenigorod, Kubinka, Mozhaysk, Odintsovo, Usova
  Information: 973 81 91
- **Jaroslawskij Woksal (Metro „Komsomolskaja")**
  Fernverbidungen in den Osten und Nordosten Russlands und ins Ausland: Arkhangelsk, Blagoveshchensk, Irkutsk, Jaroslawl, Nizhnij Nowgorod, Nowosibirsk, Tcherepowets, Ulan-Ude, Wladiwostok, Wologda, Workuta, Ulan-Bator, Peking
  Information: 921 59 14
- **Kazanskij Woksal (Metro „Komsomolskaja");**
  Fernverbindungen in den Süden, Osten und Südosten Russlands, nach Kazakhstan, China und Zentralasien, z. B. Alma Ata, Bishkek, Grozny, Dushanbe, Ekaterinburg, Izhevsk, Irkutsk, Kazan, Kemerovo, Krasnodar, Krasnojarsk, Kurgan, Magnitogorsk, Nizhnij Nowgorod, Omsk, Perm, Samara, Samarkand, Tashkent, Tomsk, Ufa, Khabarovsk, Cheljabinsk
  Nahverkehr: Bykovo, Vinogradova, Gzhel, Ryazan, Shakovskaja u. a. m.
  Information: 264 65 56
- **Kievskij Woksal (Metro „Kievskaja"):**
  Fernverbindungen in den Westen und Südwesten Russlands und ins Ausland, z. B. Budapest, Bucharest, Belgrad, Prag, Sofia, Bryansk, Kiew, Odessa
  Nahverkehr: Kaluga, Kubinka, Wladimir, Flughafen Wnukowo u. a. m.
  Information: 240 11 15
- **Kurskij Woksal (Metro „Kurskaja"):**
  Fernverbindungen in den Süden und Südwesten Russlands und der GUS, z. B. Baku, Belgorod, Vladikavkaz, Donetsk, Dnepropetrowsk, Erewan, Nishnij Nowgorod, Orel, Sewastopol, Simferopol, Tiflis, Perm
  Nahverkehr: Vladimir, Pavlovo, Eletrogorsk, Podolsk, Serpukhov, Tula, Dedovsk, Wolokolamsk, Nakhabino, Golitsyno, Zvenigorod, Kubinka, Mozhaysk u. a. m.
  Information: 916 20 03
- **Leningradskij Woksal (Metro „Komsomolskaja"):**
  Fernverbindungen in den Nordwesten Russlands und ins Ausland, z. B. nach St. Petersburg, Tallin, Helskinki, Vyborg, Murmansk, Nowgorod, Petrozavodsk, Pskov
  Nahverkehr: Klin, Konakovo, Tver, Khimki
  Information: 262 91 43
- **Paveletskij Woksal (Metro „Paveletskaja"):**
  Fernverbindungen in den Südosten und Osten, z. B. nach Astrakhan, Baku, Wolgograd, Donetsk, Lipetsk, Pavelets, Saratow, Tashkent
  Information: 235 05 22
- **Rizhskij Woksal (Metro „Rizhskaja"):**
  Fernverbindungen nach Riga, Velikie Luki, Rzhev, Sebezh
  Nahverkehr u. a. nach Wolokolamsk, Dedovsk, Istra, Novij Jerusalem
  Information: 971 15 88
- **Sawjoloskij Woksal (Metro „Sawjolowskaja"):**
  Fernverbindungen nach St. Petersburg, Uglitch, Rybinsk
  Nahverkehr nach Verbilki, Dmitrov, Dubna, Sawjolow u. a. m.
  Information: 285 90 05

In allen Bahnhöfen finden Sie Wartesäle, Schnellrestaurants, Kioske und Toiletten. Die hygienischen Verhältnisse lassen allerdings zu wünschen übrig. Bahnhöfe sind wie überall Anziehungspunkte für düstere Gestalten. Man sollte ein wachsames Auge auf seine Wertsachen haben und sich von jemand begleiten lassen, wenn man nachts verreist. Auf dem Beloursskij, Kievskij und Kazanskij Woksal patroulliert neben Milizionären auch eigenes Sicherheitspersonal.

Fahrkarten für den gleichen Tag können im Bahnhof an dem dafür vorgesehenen Schalter gekauft werden. Im Voraus sind Fahrkarten über Reisebüros erhältlich und bei:

- **Tsentralnoe Zhelesnodorozhnoe Agentstvo**
  Mal. Kharitoneveskij Per. 6/11
  Metro „Krasnije Worota", „Turgenewskaja", „Chistije Prudy"
  Tel. 262 25 66
  Krasnoprudnaja Uliza 1
  Metro „Komsomolskaja"
  Tel. 266 00 04
  Mozhayskij Wal 6
  Metro „Kievskaja"
  Tel. 240 05 05
- **Moskovskoe Zheleznodorozhnoe Agentstvo**
  Komsomolskaja Ploschad 5
  Metro „Komsomolskaja"
  Tel. 266 83 33
- **Intourtrans**
  Petrovka Uliza 15
  Metro „Kuznetskij Most", „Okhotnij Rjad"
  Tel. 929 88 90

Theoretisch müssen Ausländer einen höheren Preis als Russen für Fahrkarten zahlen. Wenn man die Dienstkarte vorlegt, gelingt es zumeist, den russischen Tarif zu bekommen. Studenten erhalten Rabatte.

Zugauskunft für alle Moskauer Bahnhöfe: Tel. 266 90 00, 266 90 06, 266 93 33, 266 95 01 (in russisch und leider oft besetzt)

Und was man auch noch wissen sollte: Da die russische Post sehr unzuverlässig ist, ist es üblich, Briefe für Freunde und Verwandte in weit entfernten Teilen des Landes einem Waggonschaffner mitzugeben. Gegen ein kleines Entgelt befördert dieser Sendungen bis zum Zielort, wo der Empfänger zur richtigen Zeit am richtigen Waggon warten sollte.

14.2 Mit dem Flugzeug

Die wenigsten Geschäftsleute werden Zeit haben, 40 Stunden auf dem Weg in den Ural im Zug zu verbringen. Mittlerweile konkurrieren über 100 russische Fluglinien auf den innerrussischen Flugstrecken miteinander. Generell sind die meisten Airlines besser als ihr Ruf. Der letzte Crash eines Aeroflot Airbus, als der Sohn des Piloten für kurze Zeit das Steuer übernahm, liegt 6 Jahre zurück, und seither wird kontinuierlich, auch mit internationaler Hilfe an der Verbesserung der Flugsicherheit gearbeitet. Am zuverlässigsten arbeiten Aeroflot und Transaero, die alle größeren russischen Städte anfliegen. Bei der Wahl einer kleineren russischen Fluglinie (Kras Air, Donavia, Karat Airlines u. a. m.) sollten Sie auf Erfahrungswerte von Kollegen zurückgreifen oder sich vorab erkundigen, welcher Flugzeugtyp eingesetzt wird. Ein stundenlanger Flug auf dem Metallsitz einer mäßig beheizten Yak nach Krasnodar ist nicht jedermanns Sache. Ganz gleich mit welcher Fluglinie Sie unterwegs sind: Häufig kommt es vor, dass Ihr Sitzplatz nicht vorhanden oder bereits belegt ist oder überhaupt keine Platzkarten ausgegeben werden. Der Mangel an Organisation wird durch Improvisationstalent des Bordpersonals ausgeglichen, und in der Regel erhält dann auch jeder Passagier einen Sitz. Ansprüche an den Bordservice sollten Sie zurückschrauben. Erwarten Sie nicht mehr als eine Tasse lauwarmen Tee und ein verwelktes Sandwich serviert von einer mürrischen Stewardess, dann wird jede zusätzliche Leistung zu einer positiven Erfahrung.

Moskau verfügt über **5 Flughäfen**, die unterschiedliche Teile des Landes und der GUS sowie internationale Strecken bedienen. Am bequemsten gelangt man mit einem Taxi zum Flughafen. Die Fahrzeit vom Zentrum aus beträgt ungefähr eine Stunde je nach Verkehr.

- **Bykowo** (ca. 50 km südöstlich von Moskau an der A 102 nach Zhukovskij)
  Flüge nach Smolensk, Pskov, Novgorod, Kursk, Krim, Mittelasien u. a. m.
  Information 558 47 38
  Ab Metro „Wykhino“ Expressbus

- **Domodedowo** (ca. 50 km südlich von Moskau an der Kashirskoe Chaussee)
  Größter Flughafen für Inlandsflüge
  Flüge nach Zentralasien, Baku, Siberien, in den Fernen Osten, Armenien
  Information 155 09 22, 323 85 07
  Ab Metro „Domodedowskaja“ Expressbus

- **Sheremetjewo 1** (ca. 30 km nordwestlich von Moskau an der M 10)
  Flüge nach St. Petersburg, Baltische Staaten, Murmansk, WeißRussland, Sotchi, Norilsk, internationale Flüge der Transaero
  Information 578 23 72
  Ab Metro „Retchnoj Woksal“ Bus 551

- **Sheremtjewo 2** (ca. 20 km nordwestlich von Moskau an der M 10)
  Internationaler Flughafen
  Information 956 46 66, 578 91 01
  Ab Metro „Retchnoj Woksal“ Bus 551

- **Wnukowo** (ca. 30 km südwestlich von Moskau an der Borovskoe Chaussee)
  Flüge nach Rostow am Don, Mineralnije Wody, Georgien, Nordkaukasus, Ukraine, Moldavien, Sibirien, Armenien, Ferner Osten
  Information 436 84 01, 436 28 13
  Ab Metro „Jugo-Sapadnaja“ Expressbus

Als ersten Flughafen lernen Expatriats in der Regel Sheremtjewo 1 und 2, wo man einigermaßen auf internationale Kundschaft eingestellt ist. Im Prinzip unterscheiden sich diese Flughäfen nur wenig von anderen internationalen Großflughäfen. Allen anderen Moskauer und sonstige Flughäfen im großen Russland und der GUS weisen erheblich mehr Lokalkolorit auf. Soll heißen: Sprachkenntnisse erleichtern die Orientierung. Durchsagen per Lautsprecher erfolgen meist nur krächzend in Russisch und das Personal spricht selten eine andere Sprache. Wenn Sie im Gewühl zwischen Babuschkas mit lebenden Hühnern und kaukasischen Großfamilien mit zahllosen Plastiktaschen endlich Ihr Gepäck wiedergefunden haben, und zwar ohne geeignete Hinweisschilder, müssen Sie sich meist mit Ticket und Gepäckschein als rechtmäßiger Eigentümer identifizieren. Beim Abflug wird zuweilen trotz hoher verdeckter Arbeitslosigkeit in der Region erwartet, dass Sie Hab und Gut selbst zum Flugzeug tragen.

Die Adressen der Fluggesellschaften finden Sie in den einschlägigen Branchenbüchern (z. B. im *Moscow Business Telephone Guide* oder АДРЕС МОСКВА). Tickets erhalten Sie über Reisebüros und in Verkaufsbüros mit der Aufschrift „АВИАКАССЫ“.

14.3 Urlaubsreisen

Russen, die es sich finanziell leisten können, genießen die Reisefreiheit. Daher bieten zahlreiche Agenturen Auslandsreisen und Reisegutscheine, die sogenannten *Putjowkas*, für inländische Urlaubsziele an. Nach westeuropäischen Maßstäben zuverlässige **Reisebüros** zu finden, ist nicht einfach. Auch russische Bekannte bestätigen, dass bei jedem Urlaub etwas schiefgeht. Nicht selten erfährt man Flugnummer und Zeit erst einen Tag vor Abflug, erhält die Tickets in letzter Minute am Flughafen und findet das gebuchte Hotel überbelegt oder die Reiseleitung vor Ort völlig unorganisiert vor. Wer die russische Toleranz für solche Pannen nicht aufbringen kann, sollte seinen Urlaub lieber in der Schweiz oder Japan buchen. Im übrigen hilft es meistens, höflich aber bestimmt auf seine Rechte zu pochen. Erfahrungsgemäß sind die Reiseveranstalter nicht gewöhnt, dass sich jemand beschwert, und daher recht flexibel, was die Entschädigung für eine eingeschränkte Erholung im Reiseurlaub angeht.

Gute Erfahrungen haben mehrere deutsche Expatriats gemacht mit dem Deutsch sprechenden Personal im Reisebüro:

Euro Lloyd
Donskaja Uliza 18/7, 117049 Moskau
Tel. 236 41 16, 236 03 07
Fax 236 22 51

Flug- und Bahntickets, Hotelbuchungen und Ferienreisen bietet auch die russische TUI-Tochter Aerotour an. Deutsch sprechendes Personal ist vorhanden.

Aerotour
1. Kasatschi Pereulok 7, 3. Stock, 125565 Moskau
Tel. 234 01 95
Fax 234 01 96

Wer seinen Urlaub im Land verbringen möchte, sollte bedenken: Individualtourismus ist in Russland nicht sehr entwickelt und ohne Sprachkenntnisse kommt man nur schwer weiter. Bei russischen Hotels handelt es sich meist um sehr nüchterne Bauten für Hunderte von Menschen. Sie genügen selten westlichen Ansprüchen an Komfort und der Service lässt zu wünschen übrig. Dennoch kann es zu einer ganz besonderen Erfahrung werden, sich in einem typischen Erholungsheim „verwöhnen“ zu lassen, wo es zum Frühstück schon gebratene Leber gibt und zum Essen keine alkoholischen Getränke ausgeschenkt werden. Dafür bietet dann ein großer Kühlschrank im Zimmer genug Raum für eigene Speisen und Spirituosen.

Nach der Währungskrise im Sommer 1997 sind Urlaube in Russland wieder relativ günstig geworden. So lohnt sich ein Kurzurlaub an der russischen Schwarzmeerküste. Eine schöne Art, das Land zu bereisen, ist eine Flusskreuzfahrt auf Wolga oder Dnjepr. Mehrtägige bis mehrwöchige Kreuzfahrten in alle Richtungen einschließlich Ausflugsprogramm kann man in Moskau im *Sewernij Retchnoj Woksal* (Leningradskoje Chaussee 51, Metro „Retchnoj Woksal“) direkt bei den Reedereien buchen. Es empfiehlt sich, ein Schiff der gehobenen Kategorie zu buchen (Kabinen mit eigenem Bad).

15 Arbeitsmöglichkeiten für mitausgereiste Partner

Leider sind noch immer nur wenige Firmen dem mitreisenden Partner bei der Arbeitssuche im Gastland behilflich. Für viele stellt sich daher auch in Russland das Problem, auf eigene Faust eine Stelle suchen zu müssen. Nach der Wirtschaftskrise ist aus Kostengründen die Bereitschaft vieler russischer und ausländischer Firmen gesunken, westliche Arbeitskräfte einzustellen. Wenn ausdrücklich eine Stelle für Expatriats ausgeschrieben ist, sind russische Sprachkenntnisse in der Regel Grundvoraussetzung.

In der Samstagsausgabe von *Moscow Times* und *Moscow Tribune* finden Sie Stelleninserate von Firmen und Personalvermittlern. Als Bewerbungsunterlagen werden zumeist nur Anschreiben und Lebenslauf per Fax angefordert. Erwarten Sie (insbesondere, wenn Sie auf das Inserat einer Personalvermittlung antworten) nicht, dass man auf Ihre Bewerbung reagiert. Durch wiederholtes Nachfragen per Telefon lässt sich der zuständige Sachbearbeiter eventuell zu einer Stellungnahme erweichen oder stellt einen Interviewtermin in Aussicht. Wenn man direkt bei einer Personalvermittlung vorspricht, nimmt diese normalerweise gegen eine geringe Gebühr die Bewerbungsunterlagen in ihre Kartei auf. Bei der Vielzahl von Jobsuchenden sind aber auch hier die Erfolgsaussichten gering. Die meisten Arbeitsverträge kommen über direkte Kontakte zustande. Daher kann es sich lohnen, auf einer der gängigen Veranstaltungen für Expatriats (siehe Kapitel 11 „Deutschsprachige und Internationale Einrichtungen“) einmal in eigener Sache zu werben. Beim Verband der Deutschen Wirtschaft in Moskau ist ein Verzeichnis aller deutschen Firmen erhältlich und damit eine umfangreiche Adressenliste für „Initiativbewerbungen“. Anstellungen erfolgen zu ortsüblichen Bedingungen. Die Gehälter liegen in der Regel weit unter dem vergleichbaren deutschen Niveau. Sprachschulen suchen zuweilen Muttersprachler als Unterrichtskräfte. Die Bezahlung fällt aber auch hier eher mager aus (gängige Sätze 5 – 10 $ pro Stunde). Wenn Sie über Russischkenntnisse verfügen, lohnt sich in der Regel eine Bewerbung bei der Rechts- und Konsularabteilung der Deutschen Botschaft. Diese stellt des öfteren einmal deutsche Ortskräfte befristet und unbefristet ein.

15.1 Arbeitsgenehmigung

Die Anstellung ausländischer Arbeitgeber muss von der zuständigen Stelle des föderalen Migrationsdienstes bewilligt werden. Russische juristische Personen, Unternehmen mit ausländischer Beteiligung und natürliche Personen können eine **Arbeitsbewilligung** beantragen. Dem Antrag muss ein Gutachten der zuständigen Behörde über die Zweckmäßigkeit der Anstellung und ein Entwurf des Arbeitsvertrages bzw. andere Dokumente über die Arbeitsbedingungen des ausländischen Arbeitnehmers beigefügt werden. Bewilligungen werden in der Regel für ein Jahr erteilt und sind nicht übertragbar. Die Notwendigkeit einer Arbeitsgenehmigung in Form einer Bewilligung für ausländische Mitarbeiter von Repräsentanzen ist derzeit nicht eindeutig geregelt. Für ihre Beschäftigung genügte in der Praxis bisher die Akkreditierung bei der zuständigen Behörde. Die Moskauer Regierung hat bereits im März 1999 eine Verordnung erlassen, nach der in Moskau tätige Ausländer einschließlich der akkreditierten Mitarbeiter ausländischer Repräsentanzen eine Arbeitsbewilligung zu beantragen haben, obwohl die Beschäftigung ausländischer Arbeitskräfte durch die föderale Gesetzgebung geregelt wird. In einem im Sommer 1999 in Kraft getretenen Gesetz „Über Änderungen und Ergänzungen des Föderalen Gesetzes über das Verfahren der Ausreise aus der Russischen Föderation und der Einreise in die Russische Föderation“ heißt es: „... Im Falle, dass ein ausländischer Bürger ... um Einreise in die Russische Föderation ersucht, um eine Arbeitstätigkeit aufzunehmen, kann ein russisches Visum nur bei Vorliegen einer Genehmigung des Föderalen Migrationsdienstes gemäß den Bestimmungen der Regierung der Russischen Föderation ... erteilt werden“. Der Konsulardienst des Außenministeriums bestätigt, dass jeder Ausländer, der die Einreise nach Russland beantragt, um dort einer beruflichen Tätigkeit nachzugehen, ab sofort eine

Arbeitsgenehmigung vorzulegen hat ohne Unterschied zwischen dem Mitarbeiter einer Repräsentanz und dem Mitarbeiter einer Tochtergesellschaft (oder einem Joint Venture). Akkreditierungsbehörden erteilen momentan noch Visa ohne Vorliegen einer Arbeitsgenehmigung, da die Verhandlungen mit dem zentralen Migrationsdienst andauern und bisher keine einheitlichen Durchführungsbestimmungen der Regierung vorliegen.

Keine Arbeitsbewilligung benötigen Personen mit ständigem Wohnsitz auf dem Territorium der Russischen Föderation, Studenten für ein Ferienpraktikum in der Russischen Föderation und in der Russischen Föderation akkreditierte Korrespondenten und Journalisten.

15.2 Einkommensteuer

Ausländer, die sich mehr als 183 Tage in der Russischen Föderation aufhalten, sind **einkommensteuerpflichtig** . Ausnahmeregelungen von der Steuerpflicht bestehen unter bestimmten Voraussetzungen für Diplomaten, Verwaltungs- und technisches Personal von diplomatischen Vertretungen sowie deren Familienmitglieder und für Mitarbeiter internationaler Organisationen.

Einkommensteuererklärungen müssen bis zum 30. April jeden Jahres bei der Steuerbehörde abgegeben werden, bei der der Steuerzahler registriert ist (Wohnort oder Ort der Geschäftstätigkeit). Es sind zum Stichtag eine endgültige Erklärung für das vergangene und eine vorläufige Steuererklärung für das laufende Jahr abzugeben. Die Formulare müssen in russisch ausgefüllt werden. Falls keine treue Seele in ihrer Firma die Steuerangelegenheiten der Expatriats in die Hand nimmt, müssen die Erklärungen persönlich bei der staatlichen Steuerbehörde abgegeben werden (für Ausländer in Moskau: bei der Abteilung für ausländische juristische und natürliche Personen, Bolshaja Tulskaja Uliza 15, Tel. 957 66 85/88/89). Zu versteuern ist das Einkommen zuzüglich Auslandszuschlägen und Ausgleichszahlungen (z.B. für Schulgeld-, Essens-, Familienurlaubskompensation). Abzugsfähig sind Ausgaben für Dienstreisen, Ausgaben für Wohnung und Dienstauto sowie Sozialversicherungsbeiträge im Heimatland. Das Einkommen von Expatriats liegt in der Regel im Bereich des Höchststeuersatzes. Für die ersten 100.000 Rubel sind 20.400 Rubel und vom Betrag, der 100.000 Rubel übersteigt, 35% Einkommensteuer zu zahlen. Im Steuerbescheid wird der für das vergangene Jahr fällige Betrag mit Zahlungstermin und die Vorauszahlungen für das laufende Jahr festgelegt, die in drei Raten Mitte Mai, Mitte August und Mitte November zu begleichen sind. Steuerschulden können nur in Rubeln bar bei einer Sberbank auf das Konto der Steuerbehörde eingezahlt werden. Steuerguthaben werden zurückerstattet oder auf zukünftige Steuerschulden angerechnet. Auch wenn in Russland die Steuermoral nicht sehr ausgeprägt ist, sollten Ausländer die Steuerpflicht ernst nehmen, da sie aufgrund der strengen Registrierungsvorschriften leicht zu überprüfen sind. Für Steuerschuldner gibt es keine Amnestieregelungen, es werden Versäumniszuschläge für frühere Steuersünden erhoben und Steuerhinterziehung kann zu Strafverfahren führen.

Mit der Bundesrepublik Deutschland besteht ein Doppelbesteuerungsabkommen. Insbesondere wenn Inlandseinkünfte (z.B. Mieterträge) anfallen, sollte das Bestehen einer Steuerpflicht in Deutschland von einem Steuerberater schon im Vorfeld der Ausreise geprüft werden (siehe Kapitel 1 „Ausreisevorbereitungen“).

15.3 Sozialversicherung

Mit der Russischen Föderation besteht kein Sozialversicherungsabkommen. Eine Versicherungspflicht auf Antrag ist gemäß § 4 Ab. 1 Nr. 2 SGBV VI bei Entsendungen in Staaten möglich, mit denen kein Sozialversicherungsabkommen besteht. Diese Versicherungspflicht betrifft nur die Rentenversicherung, nicht aber die anderen Zweige der

Sozialversicherung. Eine Antragspflichtversicherung kommt nur für deutsche Staatsangehörige in Betracht, die für begrenzte Zeit von einem Unternehmen mit Sitz im Bundesgebiet entsandt werden. Antragsteller ist das Unternehmen, der Mitarbeiter selbst ist nicht antragsberechtigt. Zu beachten ist, dass die Antragspflichtversicherung frühestens mit dem Tag des Antragseingangs bei der Bundesversicherungsanstalt für Angestellte in Berlin beginnen kann. Die Versicherung besteht für die Dauer der Auslandstätigkeit. Der Beitragssatz entspricht dem Beitragssatz, der für im Inland Beschäftigte gilt.

Ausländische Mitarbeiter sind von der russischen Sozialversicherung befreit.

16 Als Ausländer in Russland

Allen Widrigkeiten im Alltag und dem unfreundlichen Klima zum Trotz schließen die meisten Expatriats Russland nach einer gewissen Zeit in ihr Herz. Das manifestiert sich nicht zuletzt in den vielen Erlebnisberichten von Westeuropäern, die ihre Russlanderfahrung in Büchern verewigen. Zu den lesenswerten Exemplaren – wenn auch stellenweise von den neuesten politischen Ereignissen eingeholt - gehören Dirk Sagers „Betrogenes Russland", „Russland wird nicht untergehen..." von Gabriele Krone-Schmalz und Klaus Bednarz „Ballade vom Baikalsee". Auf die Frage, was Russland denn so liebenswert macht, erhält man nicht selten die Antwort: die Menschen. Was ist nun das besondere an <u>den</u> Russen, die genauso wenig existieren wie <u>die</u> Franzosen oder <u>die</u> Deutschen?

Eins gleich vorausgeschickt: Aufgrund der starken westeuropäischen Einflüsse über Jahrhunderte finden sich viele kulturelle Gemeinsamkeiten. Die Reisefreiheit hat zu vermehrten Kontakten mit Ausländern geführt, und letztere werden zumindest in den Großstädten Russlands nicht mehr als exotische Wesen betrachtet. Dennoch kann es Ihnen – als *Inostranez* identifiziert - selbst im anonymen Moskau passieren, dass wildfremde Menschen ihr Schuldeutsch oder –englisch ausgraben, um mit Ihnen ins Gespräch zu kommen. Ebenso groß wie das Interesse an ausländischer Lebensweise ist die Mitteilungsbereitschaft, was die eigene Kultur angeht. Darin liegt ein großer Vorteil: Wer die eigenen Wertvorstellungen nicht als Gesetz betrachtet, für die Auseinandersetzung mit kulturellen Besonderheiten des Gastlandes offen ist und mit den Menschen einen Umgang ohne ethnozentrische Arroganz sucht, wird in Russland auf privater und geschäftlicher Ebene erfolgreich agieren können.

Natürlich ist jeder Russe und jede Russin ein ausgeprägtes Individuum, unverkennbar anders als alle anderen. Aber dennoch verbinden all diese Individuen einige gemeinsame Verhaltensmerkmale, die deutschen Beobachtern wesensfremd oder in dem Grad der Ausprägung unbekannt erscheinen. Auch wenn die „Rätselhaftigkeit der russischen Seele" gerne Objekt sozialromantischer Verklärung ist und von vielen Russlandautoren bereits zur Genüge strapaziert wurde, soll doch im folgenden von einigen Auffälligkeiten die Rede sein. Vielleicht tragen sie ein wenig dazu bei, das russische Wesen zu erklären und vorschnelle pauschale Abwertungen russischen Verhaltens zu vermeiden.

16.1 Kulturelle Besonderheiten

Wo sonst auf der Welt erdulden es Menschen, dass zum x-ten Mal in wenigen Jahren ihre Ersparnisse Banken- und Währungskrisen zum Opfer fallen, oder gehen jeden Tag geduldig zur Arbeit, obwohl sie seit Monaten keinen Lohn erhalten haben. Die russische **Leidensfähigkeit** hat unabhängig vom jeweiligen Herrschaftssystem eine lange Tradition und scheint keine Grenzen zu kennen. Als Westeuropäer schwankt man zwischen Bewunderung und Unverständnis für die **Schicksalsergebenheit** der Russen. Ein einziges Verb (*pereshiwat*), das sowohl er- wie auch überleben und durchmachen bezeichnet, wird immer wieder mit Stolz gebraucht. Vor jeglicher Ursachenforschung hingegen scheint eine gewisse Scheu zu bestehen. Der bequemere Weg ist das Suchen der Schuld beim anonymen Dritten, dem Staat, ausländischen Regierungen, der Firmenleitung. Das manifestiert sich in der typischsten aller russischen Antworten auf die Frage, warum man etwa den Job verloren hat, der Mann im Gefängnis gelandet oder der Hund von der Straßenbahn überfahren worden ist: *„Tak polutchilos*", was soviel heißt: „Es hat sich einfach so ergeben oder so ist es eben passiert."

Ein bedeutender Unterschied im Vergleich zu den individualistisch geprägten Gesellschaften in Westeuropa spielt in Russland das **Gemeinschaftsgefühl** eine große Rolle. Man unternimmt am liebsten etwas in Gesellschaft – *sa kompanju* eben, und wichtiger als eine tolle Ausstattung am Arbeitsplatz ist ein gutes *Kollektiv* unter den Kollegen.

Bis heute ist ein gutes Überleben nur dann möglich, wenn die Gemeinschaft funktioniert. Das gilt für die Familie als Keimzelle der Gesellschaft und setzt sich in größeren sozialen Strukturen vor. Die Fähigkeit zum Teilen und Freigiebigkeit bleiben unbestrittene Grundzüge des russischen Volkscharakters. Ganz gleich wie schlecht die eigene materielle Lage ist, im Rahmen der Verhältnismäßigkeit der Mittel wird die Wohnungsnachbarin mit der mageren Pension von einer Solidargemeinschaft anderer Mieter mitversorgt, geht kein Bettler leer aus und wird auch noch der letzte Straßenhund gefüttert. Mit *Khaltura* (eigentlich „Pfusch") wird umgangssprachlich die Tatsache bezeichnet, dass ein Großteil der Bevölkerung den Lebensunterhalt hauptsächlich durch Nebenverdienste bestreitet. Wer ein Auto hat, fährt nachts Taxi, und Laternenpfahle sind mit Zetteln gepflastert, auf denen private Dienstleistungen vom Sprachunterricht bis zu Renovierungsarbeiten angeboten werden. Die Meisterung des Alltags verlangt von vielen Russen eine hohe **Improvisationsgabe**. Man stützt sich auf ein Geflecht **persönlicher Beziehungen**, kennt jemanden, der etwa bei Krankheit die Kinder hüten kann, einen Kontakt beim Passamt hat, oder das Auto durch die jährliche Inspektion bringt. In vielen Lebensbereichen, z. B. wenn es darum geht eine Aufenthaltsgenehmigung zu bekommen, eine Wohnung oder ein Telefon, sind die alten Zeiten des *Defizits* noch nicht vorüber und wird der Austausch von Leistung und Gegenleistung weiterhin als selbstverständlich und nur bedingt anrüchig betrachtet. Die Grenzen zur Korruption sind verschwommen. Dies gilt besonders für den westlichen Betrachter, der an funktionierende Systeme gewöhnt ist, in denen Leistungen (in der Regel) auf einer neutralen Basis und ohne Ansehen der Person erbracht werden. Vor jeder vorschnellen Bewertung sollte man sich im Klaren sein, dass sich die Verschaffung von Vorteilen nicht immer über den „Preis" definiert, sondern vielfach auf einem Vertrauensverhältnis zum Gegenüber beruht. Auch im Geschäftsleben lebt der Erfolg weniger vom Umgang auf einer sachlichen Ebene als vom persönlichen Kontakt zwischen den Handelspartnern. Dabei können russische und westeuropäische Ansichten weit auseinander gehen, was die Abgrenzung von üblichen Geschenken zur handfesten Bestechung oder einer üblichen Gefälligkeit zur Unverschämtheit angeht.

Stärker ausgeprägt als in Westeuropa ist die **Akzeptanz von Macht und der Autoritätsglaube.** Trotz aller Enttäuschungen durch vergangene Regierungen bleibt es Wunsch und Erwartung, dass eine starke Führung die Zügel in die Hand nimmt und Missstände beseitigt. Ein Moskauer Bürgermeister Lushkow, der die Stadt – nach eigener Aussage – wie ein moderner Medici regiert, findet ebenso Zustimmung wie aktuell die harte Haltung Putins im Tschetschenien-Krieg. Die Tatsache, dass Politiker und Wirtschaftsmagnaten sich bei Ausübung ihrer Geschäfte persönlich bereichern, findet dabei nicht unbedingt Zustimmung, stößt aber nicht gerade auf große Entrüstung. Eine „starke Hand" befreit gleichzeitig von der Pflicht, selbst Verantwortung übernehmen zu müssen, eine Fähigkeit, die ebenso wie Eigenintiative wenig entwickelt scheint. Ein kleines Beispiel: Bis heute existiert ein Arbeitssamstag vor den Maifeierlichkeiten, der *Subotnik*, an dem sich z. B. alle Mieter eines Wohnhauses oder eines Studentenwohnheimes zwecks Reinigung von der Verwaltung in die Grünanlagen treiben lassen, die sie mit der gleichen Selbstverständlichkeit das ganze Jahr über auf verantwortungsloseste Weise mit Müll verschandelt haben.

Jede Amtsperson wird respektiert, was bei den Verhältnissen auf russischen Behörden an ein Wunder grenzt. Für den Ausländer ist die selbständige Erledigung eines Amtsgeschäftes im russischen Bürokratiedschungel ungeklärter Zuständigkeiten, nicht vorhandener Formulare und galoppierender Gesetzesänderungen, von denen die betroffenen Organe scheinbar immer zuletzt erfahren, eine Herausforderung. Für das Umschreiben eines russischen Führerscheins verbrachten Bekannte geschlagene vier Tage auf dem gleichen Amt: einmal Anstehen für einen Termin, einmal zum Ausfüllen, einmal zum Abgeben, einmal zum Zahlen, nochmals zur Kasse weil 4 Kopeken fehlten und natürlich mehrmals in der falschen Schlange. Die Russen warten mit Geduld, lassen sich wie Kleinkinder maßregeln, hin- und herschieben und zehnmal wieder einbestellen. Da erscheint es schon fast wieder verständlich, wie dehnbar Gesetze und Anordnungen ausgelegt oder einfach ignoriert werden.

Westliche Manager bestätigen immer wieder, dass sie bei vielen Mitarbeitern auf die Dauer mit klaren Anweisungen und autoritärer Führung größere Akzeptanz erfahren als mit dem Appell an Eigenständigkeit und Selbstverantwortung. Dabei kann sogar einmal ein lautes Wort fallen. Das wird eher akzeptiert als das sich Zurückziehen auf eine rein formale Ebene, die dem Betroffenen keinen klaren Schluss erlaubt, was er falsch gemacht.

Überhaupt spielt **Emotionalität** eine große Rolle. Russen sind sehr gefühlsbetont, besonders wenn sie über ihre persönlichen Anliegen sprechen, über ihre Familien oder ihre Heimat. In jedem zweiten Satz ist von einem *Kaschmar* oder *Ushas* die Rede. Beide Begriffe besagen, dass etwas Furchtbares passiert ist. Beim betreffenden Ereignis kann die Bandbreite von der sauer gewordenen Milch im Kühlschrank bis zum Todesfall reichen. Für den nüchternen westlichen Betrachter kann leicht der Eindruck von übertriebener Dramatisierung oder sogar Oberflächlichkeit entstehen, vor allem wenn das russische Gegenüber, das einem gerade noch weinend in den Armen lag, 5 Minuten später lächelnd versichert, dass schon alles wieder gut wird. Denn ein Charakterzug ist ebenso weit verbreitet - der unverrückbare Glaube, dass sich in der Zukunft alles zum Besseren wendet.

Entscheidungsfreude ist keine russische Stärke, sprichwörtlich hingegen die **Unentschlossenheit** selbst bei Kleinigkeiten, z. B. wenn es darum geht, die passende Schleife zum Geschenkpapier auszusuchen, oder den Familienstand in ein Antragsformular zu schreiben. Pläne werden ebenso schnell gemacht wie wieder verworfen in der Hoffnung, dass irgendein Wink des Schicksals eine Entscheidung herbeiführt. Mit Selbstironie wird es hingenommen, wenn wieder einmal ein Vorhaben fehlgeschlagen ist. Eine beliebte Redensart lautet: Wir wollten das Beste, aber es ging aus wie immer (лучше мы хотели, а получилось как всегда)

Ein weiteres Konfliktfeld liegt in der Definition von **Zeitbegriffen**. Die russischen Ausdrücke von sofort, gleich und bald sind sehr dehnbar und können eine Spanne von Minuten bis Monaten umfassen. Besonders Deutsche mit großem Pünktlichkeitssinn legen diese Tatsache gerne als Unzuverlässigkeit und Unhöflichkeit aus. Im Gegenzug ist zu erwähnen, dass Russen – wenn sie dann erschienen sind – sich auch gerne Zeit nehmen. Der ungeduldige Blick auf die Uhr ist verpönt. Und wer hat schon eine dabei? Sie werden sich wundern, wie oft sie auf der Straße nach der Uhrzeit gefragt werden.

Unbestreitbar ist ein Hang zum Mystizismus. Wunderheiler haben nach wie vor Hochkonjunktur. Man vertraut eher Hausmittelchen als der Schulmedizin. Auch wenn manche Formen des **Aberglaubens** bei Westeuropäern Heiterkeit hervorrufen mögen, man sollte die Tatsache respektieren, dass dieser bei vielen Russen unabhängig von Bildung und gesellschaftlicher Stellung tief verwurzelt ist und sehr ernst genommen wird. Von Ausländern wird nicht erwartet, russischen Volksglauben zu praktizieren, und es drohen mit Sicherheit keine Sanktionen bei Nichtbeachtung. Dennoch schadet es nicht, die gängisten Vorboten von Glück und Unglück zu kennen. Russen achten u. a. auf folgende Zeichen:

- Unglück bringt es, wenn man aus dem Haus geht und wieder umkehren muß, z. B. weil man etwas vergessen hat oder sich nicht sicher ist, ob das Bügeleisen ausgeschaltet ist. Bevor man das Haus wieder verlässt, sollte man an sich etwas verändern, sonst heißt es leider *„puti ne budet"* – es wird keinen Weg geben. Ganz schlecht ist es auch, wenn Ihnen auf der Straße eine Frau mit einem <u>leeren</u> Eimer begegnet.

- Wenn Sie sich an einer Kerze eine Zigarette anzünden, werden Ihre russischen Tischgenossen sofort erblassen. Das sollte man ebenso wenig wie über die Krankheit eines anderen reden und dabei am eigenen Körper auf das betroffene Körperteil zeigen.

Sie werden als nächstes von der Krankheit befallen werden. Ganz schreckliches Unglück bringt es, wenn ein Spiegel zerschlagen wird oder ein Vogel ins Haus fliegt.

- Sind Sie vom Pech verfolgt, hilft es Kerzen im Haus anzuzünden oder noch besser: Kaufen Sie einen neuen Besen, ohne um den Preis zu feilschen. Damit kehren Sie das ganze Haus und legen ihn anschließend nachts auf eine Kreuzung (übrigens sollten Sie bei dieser Gelegenheit auf keinen Fall den Müll mit raustragen - das wiederum bringt nämlich Unglück). Dann ist das Böse herausgekehrt. Im Umkehrschluss folgt daraus, dass man nie einen neuen Besen mitnehmen soll, den man zufällig auf der Straße findet, denn der bringt das Unglück eines anderen ins Haus.

- Über Gutes, das man erwartet, spricht man nicht. Tut man es doch aus Versehen, hilft neben dem Klopfen auf Holz dreimaliges Spucken über die linke Schulter. Falls Sie es nicht tun, wird es Ihr russisches Gegenüber übernehmen. Wenn Sie einem Freund Glück wünschen wollen, der gerade eine Prüfung schreibt oder mit dem Chef die nächste Gehaltserhöhung verhandelt, beschimpfen sie ihn heftigst in Gedanken.

- Jede auch noch so glückliche Frau sollte am 30. September, dem Tag von Liebe, Glaube und Hoffnung ein paar Tränen vergießen. Aber bitte nicht ins Kopfkissen, auf dem kann man sonst nicht mehr gut schlafen.

- Viele Vorboten des Volksglaubens ranken sich um Geld: Ein Spinnennetz besonders im Winter bedeutet, dass Geld ins Haus kommt. Das geschieht auch, wenn sich der Teig beim Backen im Ofen in Richtung Haus neigt. Neigt er sich allerdings vom Haus weg, wird es schlecht um die Finanzen bestellt sein, und auch dann, wenn die Milch überkocht. Über Geld, das man verliert, sollte man nicht traurig sein, ebenso wenig wie man sich über Geld freuen sollte, das man findet. Denn man findet auf der Welt stets nur so viel Geld wie man verliert. Vielleicht eine Erklärung für die Gelassenheit der Leute bei Bankenkrisen. Rücken Sie an Gründonnerstag ihre Möbel vor und kehren sie dahinter, so wird nichts gestohlen werden.

- Russen achten genau auf ihre Hauskatze: Putzt diese sich intensiv, kommen Gäste. Ob Mann oder Frau, hängt davon ab, ob Ihnen beim Kochen ein Messer oder eine Gabel runterfällt.

- Was dem frommen Katholiken das memento mori ist, ist für Russen der Gesang aus rostigen Angellagern: Quietschende Türen sind ein Zeichen dafür, dass alles im Leben schwer geht. Und sitzen Sie nie auf einer Türschwelle - sonst bleiben Sie einsam, und das wäre in einem so gastfreundlichen Land wie Russland wirklich eine Schande.

16.2 Von russischen Frauen, Männern und Familien

Die russische Frau wird sehr oft als Stütze von Familie und Gesellschaft bezeichnet. Tatsächlich ruht auf ihr häufig nicht nur die Verantwortung für Kinder und Haushalt, sondern auch die Sicherstellung des Lebensunterhaltes. Berufstätigkeit ist die Regel, auch wenn Frauen in besonderem Maße von der gestiegenen Arbeitslosigkeit betroffen sind. Es sind vorwiegend Frauen, die bis ins hohe Alter am Straßenrand Waren feilbieten oder mit Nebenjobs das Gehalt aufbessern. Und wo blieben Russlands Kinder ohne das Heer aufopferungsvoller Babushkas, die die Enkelkinder aufziehen, während die Eltern arbeiten. Gleichberechtigung – scheint es – manifestiert sich in dem Recht der Frau, die gleichen Berufe wie Männer, wenn auch zu niedrigerer Bezahlung ausüben zu dürfen, z. B. als Kranfahrerin oder Bauarbeiterin, und weniger in einer der Belastung beider Partner gerechten Rollenverteilung zu Hause. Letztere ist zumeist traditionell: typische Frauenarbeiten wie Putzen und Kochen wird selten der Ehemann verrichten. Aller Mühen zum Trotz (oder vielleicht gerade deswegen?) legen Russinnen in der Regel sehr viel Wert auf die äußere Erscheinung. Die Qualität der Kleidung mag oft schlecht sein und der Geschmack nicht den letzten Trends entsprechen, aber man geht immer ordentlich zurechtgemacht auf die Straße. Obwohl westliche Modeerscheinungen sehr schnell Einzug halten, selbst in Moskau sind bisher kaum junge Mädchen mit Piercings und Tätowierungen zu sehen. Was man im Westen unter bequemer Bekleidung versteht, wird in Russland nicht selten als „schlampig" bezeichnet werden. Die Temperaturen müssen schon drastisch fallen, damit der Rock gegen die Hose getauscht wird, und es ist bewundernswert, wie sich die Damenwelt auf hohen Absätzen sicher und unfallfrei über vereiste Bürgersteige bewegt. Die Sommermode als gewagt zu bezeichnen, ist eine starke Untertreibung. Kürzere Röcke sieht man wahrscheinlich nirgendwo auf der Welt – und die Frauen können es sich leisten. Make-up wird großzügig verwandt, und besonders bei jungen Großstädterinnen fällt ein hohes Markenbewusstsein auf.

Nun fragt man sich, für wen sich die Russinnen so schön machen. Mit Verlaub gesagt: Attraktiv sind sie nicht, die russischen Männer, die in breiten Massen das Straßenbild prägen. Viele sind nachlässig gekleidet und – nach westlichen Maßstäben – eher ungepflegt. Die am weitesten verbreitete Unsitte allerdings ist kräftiges Ausspucken ohne Rücksicht darauf, wer gerade vorbeiläuft. Erwarten Sie als Frau nicht, dass Ihnen im hektischen Großstadtalltag ein Mann seinen Sitzplatz in öffentlichen Verkehrsmitteln anbietet, eine Tür aufhält oder seinen Mercedes einen Gang runterschaltet, damit sie ungefährdet die Straße überqueren können. Das passiert nur einmal im Jahr am 8. März, dem Frauentag. Dann wird auch das Heer aus Müttern, Ehefrauen, Mitarbeiterinnen, Kundinnen und evtl. auch die Marktfrau großzügig mit Blumensträußen und Pralinen beglückt. Als Mann sollten Sie diese Tradition unbedingt beachten und den weiblichen Wesen in ihrem Umfeld eine Aufmerksamkeit zukommen lassen. So rücksichtslos das Verhalten in der Öffentlichkeit erscheint, in privater Gesellschaft entfalten russische Männer ungeahnten Charme. Sie werden als Frau nie vor einem leeren Glas oder Teller sitzen. Trinksprüche auf Frauen und Liebe sind von rührender Poesie. Zur Begrüßung und zum Abschied ist selbst der Handkuss noch verbreitet. Allen politischen Entwicklungen des Jahrhunderts zum Trotz bleibt sehr wohl ein traditionelles Frauenbild erhalten, wenn selbst junge, moderne Männer als ihren Idealtyp Frauengestalten aus Pushkins Romanen zitieren. Ein gewisser Chauvinismus ist weit verbreitet, wenn es darum geht, ob Frauen in typische Männerdomänen - z. B. Politik - vorstoßen dürfen, oder auch nur um die Frage, ob die eigene Mutter mit 55 noch den Führerschein machen sollte. Im Geschäftsleben kann es Ihnen passieren, dass Ihr russischer Geschäftspartner bei Treffen und auf Reisen mit wechselnden „Assistentinnen" erscheint, um Sie dann bei passender Gelegenheit verschwörerisch darauf hinzuweisen, dass beim nächsten Mal die Ehegattin anwesend sein wird.

Dem gängigsten Vorurteil nach sind russische Männer allesamt dem Alkohol verfallen. Dieses Klischee findet man leicht bestätigt, wenn man selbst bei sibirischen Temperaturen morgens um sieben an der Bushaltestelle Vertretern des starken Geschlechts mit einer Bierflasche in der Hand begegnet. Übermäßiger Alkoholkonsum, vielfach verbunden mit Gewalt gegen Frauen, bleibt ein Problem besonders in Gegenden mit hoher Arbeitslosigkeit. Ein Zusammenhang besteht wohl auch zu der erschreckend niedrigen Lebenserwartung russischer Männer von 58 Jahren (bei Frauen 71,5 Jahre). Dennoch sollte man sich hüten, in jedem Russen einen potentiellen Alkoholiker zu sehen.

Traditionell sind die Familienbande sehr eng. Bedingt durch Wohnungsknappheit und materielle Abhängigkeit wohnen meist mehrere Generationen unter einem Dach. Aber auch bei räumlicher Trennung ist es üblich, bei den erwachsenen Kindern nach dem Rechten zu sehen – und das manchmal für mehrere Tage oder Wochen. Dies mag auch damit zusammenhängen, dass sehr früh geheiratet wird. Falls ein russisches Mädchen mit 25 noch nicht unter der Haube ist, macht sich die Verwandtschaft ernsthaft Sorgen. Der Begriff „Familie" umfasst neben den eigenen Kindern immer auch alle lebenden Mitglieder vorangegangener Generationen. So selbstverständlich wie die Eltern für eine gute

Ausbildung ihrer Kinder sorgen, unterstützten diese wiederum ihre Eltern im Alter, wenn die magere Rente nicht ausreicht. Kinder wachsen sehr behütet auf, besonders Jungen sind der Augapfel von Mama und Oma. Die ersten Wochen nach der Geburt wird ein Baby von allen Fremden ferngehalten, einmal aus Aberglauben, aber auch zum Schutz der Gesundheit. Mißbilligende Blicke russischer Großmütter ernten Sie, wenn Sie ihren Nachwuchs im Winter nicht so warm einpacken, dass er problemlos an einer Polarexpedition teilnehmen könnte. Um Hobbys und materielle Wünsche der Kinder zu erfüllen, schränkt sich nicht selten die ganze Familie ein. Begabungen werden von der ganzen Familie frühzeitig gefördert, und die Kinder absolvieren mitunter ein sehr umfangreiches Freizeitprogramm an sportlichen und musischen Aktivitäten. Obwohl die Kinder verwöhnt werden, fällt es auf, dass sie – zumindest in der Öffentlichkeit – sehr diszipliniert wirken, was auch an der vergleichsweise strengeren Erziehung in Kindergärten und Schulen liegen mag. Auf Spiel-, Fußball- und Rodelplätzen ist der Geräuschpegel eindeutig niedriger als in Deutschland, und auf Zuruf der Erziehungsberechtigten erfolgt unverzüglich eine Reaktion. Durch die starke Bindung an Eltern und Großeltern nabeln sich die Kinder allerdings sehr spät ab. Das mag auch eine Erklärung dafür sein, dass man in Russland selbst jenseits der 40 immer noch als „Fräulein" oder „junger Mann" angesprochen wird. „Kinder" von 25 Jahren lassen sich bei Amtsgängen gerne von einem Elternteil zur Unterstützung begleiten und der Wunsch, in eine andere Stadt zu ziehen oder gar im Ausland zu studieren, wird Tränenströme bei Mutter und Großmutter auslösen.

16.3 Persönliche Begegnungen

- **Anrede und Begrüßung**

Wie im Deutschen wird im Russischen zwischen „Sie" und „Du" unterschieden. Gebräuchlicher als die Anrede *Gospozha/Frau* und *Gospodin/Herr* ist die Verwendung von Vornamen und Vatername, z. B. *Anna Iwanowna* oder *Andrej Sergejewitsch*. Titel werden mit der Anrede „Herr/Frau" verbunden mit Ausnahme akademischer Grade. Hier beschränkt man sich auf die Anrede als Professor/Doktor plus Familiennamen. Freunde und sehr gute Bekannte der gleichen Altersstufe spricht man mit der verniedlichenden Form des Vornamens an. In der russischen Sprache wird alles verkleinert, zu dem man einen persönlichen Bezug hat. Wenn Bekannte von ihrem Hündchen sprechen, kann durchaus von einer ausgewachsenen Dogge die Rede sein. Aus Pavel wird Pascha, aus Maria Mascha, aus Sergej Serjoscha usw., wobei der Vorrat an Kosenamen und ihre Variationen unerschöpflich sind.

Die Vorstellungsformalitäten entsprechen europäischen Höflichkeitsregeln, was die Berücksichtigung von Stellung und Alter angeht, wobei eine Frau bevorzugt behandelt wird, d. h. ihr werden zuerst die Anwesenden vorgestellt. Erst danach stellt man die Frau den anderen vor. So formell die Vorstellung bei persönlichen Begegnungen ist, am Telefon begnügt man sich mit einem kurzen „Hallo" oder „Ich höre" (слушаю) ohne Namensnennung.

Männer begrüßen sich in der Regel mit Handschlag. Frauen hingegen reicht man üblicherweise nicht die Hand, sondern grüßt mit einem Zunicken und einer Höflichkeitsfloskel, z. B. „Guten Tag" (Добрыи день bzw. здраствуите) oder auch „Sehr angenehm" (очень приятно). Frauen reichen sich auch untereinander nicht die Hand. Gute Bekannte und Freunde begrüßen sich mit Küssen auf die Wange, und zwar dreimal. Der Handkuss ist vor allem bei Kavalieren der alten Schule noch weit verbreitet. Der typische „Bruderkuss" unter Männern, der in keinem schlechten Film fehlt, existiert zwar noch, als Ausländer sollte man in diesem Punkt aber lieber die Initiative seinem russischen Partner überlassen. Das gilt auch für Umarmungen.

- **Umgangsformen**

Auf gute Umgangsformen wird geachtet. Als unhöflich und kulturlos gilt es, sich in seinen Sitz zu flegeln, dem Gegenüber die Schuhsohlen zuzuwenden, bei der Begrüßung die Hände in den Taschen zu haben, Stufen öffentlicher Gebäude, Theater, Museen etc. als Sitzgelegenheiten zu benutzen, Mäntel und Kopfbedeckung nicht an Garderoben abzugeben, laut vor sich hinzupfeifen. Russen unterhalten sich an öffentlichen Plätzen oder in Verkehrsmitteln nicht laut untereinander. Jeder Frau verbietet es sich, zu fluchen oder derbe Ausdrücke zu gebrauchen. Sie werden keinen Sprachlehrer finden, der Ihnen auch nur ein Schimpfwort beibringt.

- **Kleidung**

Auf gute Kleidung wird Wert gelegt vor allem im Berufsleben und bei gesellschaftlichen Anlässen. Hosen sind für Frauen mittlerweile salonfähig, aber Röcke und Kleider werden bevorzugt. Ins Theater, die Oper, zu Konzerten und formellen Anlässen geht man nicht in Jeans. Auch bei Privateinladungen tragen Sie besser nicht ihre bequemsten Freizeitklamotten.

Um keinen Schmutz in die Wohnung des Gastgebers zu tragen, zieht man die Straßenschuhe aus. Sie sollten daher besonders im Winter Schuhe zum Wechseln mitbringen. Ansonsten verfügt jeder russische Haushalt über einen Auswahl an Hausschuhen in verschiedenen Größen. Eine solche Sammlung sollte man sich auch für die eigenen Gäste anlegen.

- **Privatsphäre**

In Russland kommt man sich im wahrsten Sinne des Wortes näher als z. B. in Deutschland. Der Abstand zum Körper, der als Intimsphäre betrachtet wird, ist geringer, was von vielen Ausländern als unangenehm empfunden wird. Menschen stehen enger beieinander, z. B. in Schlangen oder in öffentlichen Verkehrsmitteln.

Von der Pflege einer Privatsphäre kann bei den beengten Wohnverhältnissen und der Wohnungsknappheit keine Rede sein. Vielleicht fliehen deshalb viele Russen unabhängig von Wind und Wetter bei jeder Gelegenheit ins Freie. So klein die Wohnung auch sein mag, es ist durchaus üblich, Gästen eine Übernachtungsmöglichkeit zu bieten, auch wenn dafür das halbe Wohnzimmer ausgeräumt werden muss. Sich in Schlafanzug und Bademantel zu begegnen, auch wenn man sich nicht so gut kennt, ist dabei in keiner Weise peinlich.

Der Austausch über Privatangelegenheiten ist unter guten Freunden durchaus üblich. Probleme in der Ehe, mit Kindern, Geld oder der Figur werden in einer Offenheit diskutiert, die nach westlichen Maßstäben schon fast an Einmischung grenzt.

- **Gastfreundschaft**

Die russische Gastfreundschaft ist berühmt. Man besucht sich gerne und häufig. Die Aufforderung, einfach mal vorbeizukommen, ist durchaus ernst gemeint und bedarf keiner verbindlichen Terminabsprache. Unter guten Bekannten sind Spontanbesuche üblich, bei denen einfach aufgetischt wird, was der Kühlschrank hergibt. Man sitzt im Herzen jeder russischen Wohnung – der Küche – zusammen. Das ist der gemütlichste und wärmste Ort, an dem zudem alles Nötige schnell greifbar ist. Aufgrund der russischen Gesprächsfreudigkeit können sich solche Treffen bis in die späten Nachtstunden ausdehnen. Das Argument, die Feier mit Rücksicht auf den anstehenden Arbeitstag beenden zu müssen, wird Belustigung hervorrufen.

Auf formelle Einladungen, z. B. zum Abendessen, sollte man vorbereitet sein. Für die Gastgeber bringt man immer Geschenke mit, zumindest Blumen oder Pralinen für die Dame des Hauses und oft auch eine gute Flasche Alkoholisches für den Hausherrn. Eine persönliche Note überbringen Sie mit einem Geschenk, das typisch für Ihr Heimatland ist.

Zu einer Einladung geht man am besten sehr hungrig, denn nichts ist unhöflicher, als eine der angebotenen Speisen auszuschlagen. Ein leerer Teller wird immer wieder aufgefüllt. Ein russisches Mahl beginnt mit einer reichen Auswahl an Vorspeisen, den *Sakuski.* Eine typische Tafel muß sich unter der Last von Hering, Lachs und allem was sonst noch Flossen hat, Wurst, Speck, Pasteten, Piroggen, Pilzen, Gurken und Salaten so biegen, dass selbst die doppelte Anzahl von Gästen problemlos bewirtet werden könnte. Die Vorspeisen sind liebevoll und sehr schmackhaft zubereitet. Im Winter kommen Sie in den Genuss aller guten Sachen, die im Sommer auf der Datscha geerntet und für die kalten Monate konserviert worden sind. Selbst Tomaten und Wassermelonen lassen sich sauer einlegen! Der Verkostung aller Delikatessen widmet man viel Zeit und das eine oder andere Gläschen Wodka. Als Mann sollte man eine gewisse Trinkfestigkeit mitbringen, denn keine faule Ausrede bewahrt Sie davor, daß Ihr Glas ständig nachgefüllt wird. Von Frauen wird natürlich nicht erwartet, dass sie „mithalten“ können. Alkohol wird übrigens in Gramm bemessen – auch in Restaurants. Eine Standardportion liegt bei 50 – 100 g, ein ausgewachsener Mann schafft je nach Länge des Abends schon ein Fläschchen. Bei aller Liebe zum Wodka - im Vordergrund steht die angeregte Unterhaltung. Jedes Glas geht normalerweise mit einem Trinkspruch einher. Als erstes werden sich die Gastgeber an die Gäste wenden und sich für ihr Kommen bedanken, dann werden die Eingeladenen selbst nacheinander das Wort ergreifen. Bei großen Gesellschaften wird nicht selten ein Zeremonienmeister, der sogenannte *Tamadan*, eingesetzt, der die Reihenfolge der Tischreden festlegt. Russen lieben es, viel Herz in ihre Trinksprüche zu legen oder sie in Anekdoten und einfallsreiche Geschichten zu verkleiden:

„Einst lebte ein Mädchen von atemberaubender Schönheit, die von vielen jungen Männern umworben wurde. Einer von ihnen erlangte die Gunst dieser Schönen, und sie erklärte sich mit einer baldigen Hochzeit einverstanden. Eine Bedingung stellte sie aber: Einmal im Jahr darf sie das Haus verlassen, der Mann darf ihr nicht folgen, und sie kann machen, was sie will. Der Bräutigam erklärte sich widerwillig einverstanden. Die Hochzeit konnte gefeiert werden. Kurz vor Vollendung des ersten Ehejahres verließ die junge Frau zum ersten Mal ihren Mann, während er die Zähne vor Wut zusammenbiss und alleine zu Hause blieb. Im zweiten Jahr wiederholte sich alles genauso, der Mann schwieg. Im dritten Jahr hielt er es nicht mehr aus und folgte seiner Frau heimlich. Zuerst ging sie lange über Wiesen und Felder und kam dann in einen finsteren Wald. Dort sah der neugierige Ehemann, wie sie sich in eine Schlange verwandelte, auf einen Baum kletterte und Gift und Galle spie. Trinken wir nun auf alle Frauen, die nur einmal im Jahr Gift und Galle spucken, und das fern von daheim.“

Oder man trinkt darauf, dass die eigenen Särge aus dem Holz der Bäume gemacht sind, die die Kinder pflanzen werden. Oder ganz kurz und knapp auf die Liebe. In diesem Fall und wenn auf die anwesenden Damen getrunken wird, stehen die Männer in der Regel auf und leeren das Glas in einem Zug. Eins sollten Sie auf keinen Fall tun: Ihr Glas hinterrücks an die Wand werfen. Diese „russischeTradition“ gehört ins Reich der Sagen.

Nachdem außer kalten und warmen Vorspeisen ein üppiges Hauptgericht aus Fleisch oder Fisch und ein nicht minder kalorienreiches Dessert - am liebsten Eis und Torten - verzehrt sind, beginnt der gemütliche Teil des Abends. In Russland wird gerne und vor allem gut gesungen. Es vergeht keine Betriebsfeier ohne Einlage des seit Jahren eingespielten firmeninternen Ensembles samt Gitarrenbegleitung, und auch bei privaten Anlässen werden Volksweisen und Evergreens aus sowjetischen Kultfilmen mit Begeisterung zum Besten gegeben. Wenn dann auch noch getanzt wird, kann man von einem rundum gelungen Fest sprechen.

Die Nichtraucher-Bewegung hat Russland bisher nicht ergriffen. Da gern und viel geraucht wird, geht eine russische Party mit dichten Rauchschwaden einher.

Eine noch oft praktizierte Sitte ist es, netten Gästen ein kleines Abschiedsgeschenk zum Andenken mitzugeben, z. B. die liebste Musikkassette oder einen der vielen Dekorationsgegenstände, die ein russisches Wohnzimmer schmücken. Letzteres besonders dann, wenn der Gast sich bewundernd darüber geäußert hat.

Am nächsten Tag hilft dann meist nur der Griff zum Glas mit den sauren Gurken und Aspirin. Oder Sie trinken einen auf den Rausch, um die Übelkeit zu vertreiben. Diese Form der Katerbekämpfung beschreibt die russische Sprache kurz und bündig in einem Wort als a*pachmelitsa.*

17 Geographie und Klima

In Sibirien sind 40 Kilometer keine Entfernung, - 40 °C keine Kälte und 40 % kein Alkohol.
(Russisches Sprichwort)

17.1 Geographische Beschreibung

Mit einer Fläche von rund 17,1 Millionen Quadratkilometern ist Russland das größte Land der Erde und fast doppelt so groß wie die Vereinigten Staaten von Amerika. Das Land erstreckt sich über 4.000 km von Süden nach Norden sowie über 10.000 km von Westen nach Osten und über 11 Zeitzonen und 2 Kontinente. Im Norden grenzt Russland an Norwegen und das Nordpolarmeer, im Osten an den Pazifischen Ozean, Japan und die nordöstliche Spitze Nordkoreas. Im Süden teilt Russland Grenzen mit der Ukraine, Georgien, Aserbaidschan, Kasachstan, der Mongolei und China. Im Westen grenzt das Land an Weißrussland, Lettland, Estland und Finnland. Zwischen Litauen und Polen bildet das nördliche Ostpreußen um Kaliningrad eine russische Enklave.

Russland kann man in drei geographische Großeinheiten unterteilen: das europäische Russland westlich des Urals, Sibirien, das sich östlich vom Ural bis fast zum Pazifik erstreckt, und das fernöstliche Russland, zum dem der äußerste Südosten und die pazifischen Küstenrandgebiete gehören.

Die Landmasse besteht aus einer großräumigen Ebene im westlichen und nördlichen Teil des Landes, die durch einen nicht kontinuierlichen Gebirgsgürtel mit Hochebenen im Süden und Osten begrenzt wird. Diese Ebene ist die flächengrößste der Erde. Russland ist das Land mit der längsten, ununterbrochenen Küstenlinie (über 32.000 km), hat mit Ob und Irtysch das längste Flußsystem Asiens (5.410 km) und mit der Wolga den längsten Fluß Europas (3.531 km). Es gibt in Russland mehr als 2 Mio. Seen, wovon der größte das Kaspische Meer ist. Der Baikalsee ist mit einer maximalen Tiefe von 1.740 m der tiefste Süßwassersee der Welt. Die höchste Erhebung Russlands ist der Elbrus im Kaukasus mit 5.633 m.

Expatriats erleben diese Entfernungen und die Weite des Landes bei gelegentlichen Dienstreisen nach Wladiwostock oder Novosibirsk. Auch der als Touristenziel beliebte Baikalsee liegt leider nicht in einem Moskauer Vorort.

17.2 Klima

Ein afrikanischer Student an der Moskauer Universität der Freundschaft der Völker antwortete auf die Frage, wie er denn mit dem rauen russischen Klima zurechtkäme, wie folgt: „Der Winter mit Blättern an den Bäumen ist nicht so schlimm wie der Winter ohne Blätter an den Bäumen.“

17.2.1 Temperaturen

Das Klima Russlands wird bestimmt durch die hohe geographische Breitenlage und das Fehlen mäßigender Meeresströmungen. In fast einem Drittel des Landes herrscht Dauerfrost. Die Winter sind lang, kalt und trocken, die Sommer kurz und heiß. Die Wintertemperaturen liegen in Sibirien durchschnittlich bei – 18 °C. In Ostsibirien werden nicht selten Temperaturen bis – 50 °C gemessen. Die Sommertemperaturen sind je nach Region sehr unterschiedlich. Sie liegen im hohen Norden bei durchschnittlich +2 °C, in den Steppen des Südens bei + 25 °C.

Auch in Moskau kann es im Winter – 20 °C oder kälter werden. Die „sibirische" Kälte ist jedoch normalerweise von klarem Wetter begleitet, und die niedrige Luftfeuchtigkeit macht die Minusgrade erträglicher. Belastender für den Organismus sind die extremen Temperaturschwankungen. Nicht selten fallen oder steigen die Werte innerhalb 24 Stunden um 10 bis 15 °C. Für gelegentliche Stimmungstiefs in den ohnehin kurzen Wintertagen sorgt tagelanges trübes, trostloses Wetter (*pasmurnaja pagoda*). Im Dezember ist der Himmel in Moskau an durchschnittlich 23 Tagen bedeckt. „Schneesicher" sind die Monate November bis März. In den Sommermonaten können die Temperaturen auf über 30 °C steigen. Moskau hat zwar keine „weißen Nächte" wie St. Petersburg, dennoch kann man im Juni und Juli bis 23 h Tageslicht genießen. Frühjahr und Herbst fallen kürzer aus als in Westeuropa. Die Bäume werden binnen weniger Tage grün, verlieren ihr Laub im Herbst aber ebenso schnell.

	Moskau	Wladiwostock	Berlin	München
Durchschnittstemperatur im Juli	+ 18 °C	+ 18 °C	+ 18 °C	+ 18 °C
Durchschnittstemperatur im Januar	-9,4 °C	-14 °C	-0,5 °C	- 2,2 °C
Niederschläge im Jahresdurchschnitt	641 mm	610mm	572 mm	865 mm

17.2.2 Vegetation und Fauna

Die unterschiedlichen Klimazonen bestimmen die Vegetation: Entlang des Nordpolarmeeres bis in die Gebirgslagen der fernöstlichen Region herrscht Tundrenklima. Die Vegetation ist durch Moose, Flechten und niedrige Büsche gekennzeichnet. An diese Zone schließt sich ein breiter Gürtel mit subarktischem Klima an (Taiga), der fast ganz Sibirien und den Fernen Osten umfasst. Es dominieren Nadel- und Birkenwälder. Im europäischen Teil Russlands, der weitgehend einem gemäßigten Kontinentalklima unterliegt, herrscht Mischwald vor. Am fruchtbarsten sind die Schwarzerdeböden der Waldsteppen und Steppen im Süden. Im subtropischen Klima der Schwarzmeerküste gedeihen Palmen und Zitrusfrüchte, eine Attraktion für deutsche Expatriat-Kinder.

In der sibirischen Taiga und den großen Laubwäldern sind Hirsche, Elche, Füchse, Bären und Wölfe noch weit verbreitet. An der arktischen Pazifikküste leben Eisbären, Rentiere und Walrösser. Ornithologen werden an Seen und Flüssen auf ihre Kosten kommen. Ganz gleich, ob man mit einer Jagdgesellschaft oder auf Expeditionstour in fernen Landesteilen unterwegs ist oder auch nur einige Kilometer von Moskau an einem Badesee liegt, im Sommer sind Stechmücken eine wahre Plage.

18 Kultur

18.1 Völkergruppen

Die Gesamtbevölkerung Russlands wird auf rund 148 Mio. Einwohner geschätzt mit sinkender Tendenz. Die Geburtenrate liegt bei 9,6 Kindern pro 1.000 Einwohner, die Sterberate bei 14 pro 1.000 Einwohner. Man zählt in Russland mehr als 100 Nationalitäten. Seit dem Zerfall der Sowjetunion ist der Anteil ethnischer Russen auf über 80 % der Gesamtbevölkerung gestiegen. Die Zuwanderung ethnischer Russen aus den ehemaligen Sowjetrepubliken und die zunehmende Emigration anderer Bevölkerungsgruppen (z.B. Juden) führt zu einer Homogenisierung der Bevölkerung.

Die größte ethnische Minderheit, ca. 5 Mio. Tartaren der zentralen Wolgaregion, stellen 3,8% der Gesamtbevölkerung dar, gefolgt von rund 4 Mio. Ukrainern. Nomadenstämme der Arktis und in Sibirien zählen hingegen nur wenige 1000 Menschen. Ukrainer und Weißrussen konzentrieren sich vorwiegend in Westrussland, türkische Völker (z.B. Kasachen) in Zentralasien und Mongolen im Fernen Osten. In der Kaukasusregion leben vorwiegend Aserbaidschaner, Armenier und Georgier. Da die Hauptstadt von jeher Anziehungspunkt für Menschen aus allen Landesteilen war, z. B. um zu arbeiten oder zu studieren, findet man diese Nationalitäten auch im Moskauer Straßenbild vertreten.

Toleranz anderen Rassen gegenüber ist nicht immer gegeben. Die Diskriminierung reicht von harmlosen Scherzen, z. B. über die Tschuktschen (arktische Nomaden, die in der russischen Witzkultur einen den Ostfriesen in Deutschland vergleichbaren Status haben) hin zu starken Vorurteilen gegenüber Kaukasiern und deren angeblichen Beziehungen zur Mafia. Infolge des Krieges sind insbesondere Tschetschenen Repressalien durch Polizei und Bevölkerung ausgesetzt. Die Moskauer Tagespresse berichtet gelegentlich über Pöbeleien und Tätlichkeiten gegen Asiaten und Afrikaner. Westliche Ausländer fallen hingegen kaum auf und werden in erster Linie durch eigene Unvorsichtigkeit zum Opfer von Kleinkriminalität, wie z. B. Taschendiebstählen.

18.2 Bevölkerungsdichte

Aufgrund der enormen Größe Russlands ist die Bevölkerungsdichte mit 9 Personen pro Quadratkilometer gering. Die Bevölkerung ist jedoch sehr ungleich über das Land verteilt. 78% der Menschen leben im europäischen Teil westlich des Urals. Hier liegt die Bevölkerungsdichte bei 25 Menschen pro Quadratkilometer, wohingegen weite Teile NordRusslands und Sibiriens nicht oder kaum besiedelt sind.

Knapp drei Viertel aller Russen leben in Städten. Die größte Metropole ist die Hauptstadt Moskau mit rund 11 Mio. Einwohnern gefolgt von St. Petersburg (rund 5 Mio. Einwohner), Nishnij Novgorod an der Wolga, Nowosibirsk in Sibirien und Jekaterinburg im Ural mit jeweils rund 1,4 Mio. Einwohnern. Um den Zuzug in die Hauptstadt zu begrenzen, gelten für Moskau sehr harte Registrierungsrichtlinien. Ohne Nachweis von Wohnungseigentum ist für Menschen aus der Provinz die begehrte dauerhafte Wohnortregistrierung in Moskau nicht zu erhalten. Trotz des Baubooms der letzten Jahre bleibt preisgünstiger Wohnraum in den Großstädten knapp. In St. Petersburg wohnt noch ein Großteil der Bevölkerung in Gemeinschaftswohnungen, den so genannten *Kommunalkas*, in denen sich mehrere Parteien Küche und Bad teilen. Expatriats mit großzügigem Budget für Mietaufwendungen werden dagegen ein breites Angebot an Wohnungen vorfinden.

18.3 Religionen

Die Religionsausübung wurde zu Sowjetzeiten von der Kommunistischen Partei der Sowjetunion kontrolliert und über fast sieben Jahrzehnte stark unterdrückt. Seit dem Zerfall der UdSSR finden viele Russen zur Religion zurück. Traditionelle Glaubensrichtungen, wie das orthodoxe Christentum, der Islam, der Buddhismus und das Judentum, erfahren einen starken Zuwachs. Die kirchlichen Liegenschaften wurden vom Staat zurückgegeben, Zahlreiche Kirchen wieder geöffnet und restauriert. Fünfzig Kilogramm Blattgold strahlen von der Kuppel der Christi-Erlöserkirche im Zentrum Moskaus, die in der Stalin-Ära gesprengt und jetzt wieder errichtet wurde. Auch neue Glaubensrichtungen und New-Age-Lehren, die von Missionaren und Sekten über die nun offenen Grenzen gebracht werden, finden Anhänger. Kontrovers wurde seit Sommer 1997 das „Gesetz über Gewissensfreiheit und religiöse Gemeinschaften“ diskutiert. Um dem ungehinderten Wirken religiös-totalitärer Sekten Einhalt zu gebieten, werden vom Staat als traditionelle Religionsgemeinschaften neben dem Judentum, dem Islam und dem Buddhismus nicht nur die Orthodoxie, sondern allgemein das Christentum anerkannt. Die Vormachtstellung der orthodoxen Kirche wird jedoch hervorgehoben.

18.3.1 Russisch-orthodoxer Glaube

Die wichtigste Religion ist der russisch-orthodoxe Glaube, der im 10. Jahrhundert aus Byzanz übernommen wurde. Im 17. Jahrhundert führte eine Reform des Patriarchen Nikon zu einer Spaltung in eine offizielle Kirche und die Kirche der sog. „Altgläubigen“. Nach der Oktoberrevolution distanzierte sich die russisch-orthodoxe Kirche im Ausland von der dem Sowjetregime angepassten russisch-orthodoxen Kirche des Moskauer Patriarchats.

Zu Beginn der 90er Jahre gehörte mehr als ein Viertel der russischen Bevölkerung dem russisch-orthodoxen Christentum an. Das Patriarchat von Moskau und Gesamtrussland bildet die weltweit größte orthodoxe Kirche, an deren Spitze Patriarch Alexei II. steht. Er führt den Vorsitz einer Bischofssynode, die über Verwaltung und Lehre gleichermaßen wacht. Kernpunkte des orthodoxen Glaubens sind die Trinitätslehre, die Marienverehrung und die Lehre von den sieben Sakramenten. Ikonen, Ausdruck der sakralen Kunst der orthodoxen Kirche, nehmen in Liturgie und Glaubensausübung eine zentrale Rolle ein. Sie sind Objekte religiöser Verehrung, während die Anbetung sich alleine auf Gott richtet.

Als Symbol der russischen Kultur wird die Kirche auch von Nichtgläubigen respektiert. Orthodoxe Feiertage werden von der Regierung offiziell beachtet, und so mancher Politiker zeigt sich mittlerweile gerne mitmedienwirksam beim Gottesdienstbesuch.

18.3.2 Weitere Glaubensrichtungen

Die römisch-katholische und evangelische Kirche sind vorwiegend im europäischen Russland und in Sibirien vertreten.

Zum Islam bekennen sich die tatarische Bevölkerung und einige Volksgruppen im Nordkaukasus. Sie sind überwiegend Sunniten. Fundamentalistische Strömungen existieren z. B. in Tschetschenien. Die Anhänger des Islam werden auf 15 – 22 Mio. geschätzt.

Seit 1741 ist der Buddhismus eine offiziell anerkannte Religion in Russland, zu der sich die Burjaten, Kalmyken, Tuwa und einige Völkergruppen im Irkutskaja- und Tschitinskaja-Gebiet bekennen.

Trotz starker Emigrationstendenzen ist ein nennenswerter Teil der Bevölkerung, vor allem in den Städten, jüdischen Glaubens (ca. 700.000).

18.4 Sprache

In Russland werden mehr als 100 Sprachen gesprochen. Russisch ist Amtssprache und wird am häufigsten verwendet. In anderen ehemaligen Sowjetrepubliken wird Russisch auch weiterhin als zweite Sprache verwendet.

Die russische Sprache gehört zu den slawischen Sprachen. Erste schriftliche Zeugnisse gehen auf das Ende des 10. Jahrhunderts zurück, nachdem die slawischen Völker zum Christentum übergetreten waren. Das Altkirchenslawisch der Missionare überlebte als Literatursprache bis ins 17. Jahrhundert, während die gesprochene altrussische Sprache im Laufe der Zeit phonetisch und in der Wortbildung vereinfacht wurde. Die weltlichen und westlichen Einflüsse zur Zeit Peters des Großen im 18. Jahrhundert führten zu großen Umbrüchen im Bereich der Sprache. Es wurden westliche Sprachelemente übernommen, um die neuen wissenschaftlichen, technischen, kulturellen und politischen Aspekte zu erfassen. Es entstanden je nach Textart unterschiedliche Sprachformen, die man Ende des 18. Jahrhunderts zu vereinheitlichen versuchte. Zu Beginn des 19. Jahrhunderts entwickelte sich mit dem Werk Alexander S. Puschkins eine als Norm anerkannte russische Schriftsprache, die in der zweiten Hälfte des Jahrhunderts ihren gegenwärtigen Entwicklungsstand erreichte.

Die Veränderungen der letzten Jahre in der russischen Gesellschaft spiegeln sich auch in der modernen Sprache wieder. Literatur- und Alltagssprache vermischen sich, selbst in den Medien werden Sprachnormen gezielt gebrochen und Jargonausdrücke verwendet. Zahlreiche Anglizismen sorgen für eine zusätzliche „Bereicherung“. Dieser Prozess entsetzt so manchen Sprachlehrer, wenngleich das „neue“ Russisch sehr frisch und dynamisch wirkt.

Geschrieben wird Russisch im kyrillischen Alphabet, das aus 33 Buchstaben besteht. Es enthält Teile des griechischen und europäischen Alphabets sowie eigene Zeichen. Die kyrillischen Buchstaben zu lernen ist selbst für nur zeitweilig ansässige Ausländer fast unumgänglich, um z. B. Straßenschilder oder Hinweise in den Metrostationen entziffern zu können. Mit etwas Übung erscheint die Schrift schon nach wenigen Tagen nicht mehr fremd.

Man findet vor allem in den großen Städten wie Moskau und St. Petersburg immer häufiger Russen, die Englisch oder Deutsch verstehen. Es erleichtert das tägliche Leben jedoch sehr, russisch zu sprechen. Einfache Grundkenntnisse der Sprache sind recht schnell zu erlernen. Erweiterte Kenntnisse erfordern dagegen einen deutlich höheren Zeitaufwand. Für Geschäftsverhandlungen empfiehlt es sich in den meisten Fällen auch nach mehrjährigem Russlandaufenthalt, die Hilfe eines Dolmetschers in Anspruch zu nehmen.

19 Politik und Verwaltung

Die politischen Ereignisse haben sich im Russland der 90er Jahre immer wieder überschlagen. Wer erinnert sich noch an alle Ministerpräsidenten, die sich alleine im Laufe der letzten zwei Jahre im Kreml die Klinke in die Hand gedrückt haben? Das Dickicht der russischen Parteien ist schwer zu durchschauen, da klare Programme fehlen. Die politische Auseinandersetzung ist nach wie vor durch Polemik und Intrigen gekennzeichnet, und hinter den Kulissen ziehen mächtige Oligarchen die Fäden, die nicht nur große Wirtschaftssektoren, sondern auch einen Großteil der Medien beherrschen. Dem interessierten Ausländer mit guten Russischkenntnissen sei die Politiksatire *Kukly* (Puppen) sonntags auf NTV empfohlen. Da kann man sich mit den Hauptakteuren der aktuellen Politszene vertraut machen und hat gleichzeitig etwas zu lachen.

19.1 Regierungssystem und Verwaltungsgliederung

Im Dezember 1993 wurde per Volksabstimmung mit 58,4 % bei einer Wahlbeteiligung von 54,8 % eine neue Verfassung angenommen, die die üblichen Menschen- und Bürgerrechte garantiert.

Obwohl die Gewaltenteilung zwischen Exekutive, Legislative und Judikative garantiert wird, ist das Präsidentenamt mit weitreichenden Vollmachten ausgestattet. Der Staatspräsident ist Oberbefehlshaber der Streitkräfte und Vorsitzender des Sicherheitsrates, der zentralen Körperschaft für Verteidigungsfragen. Er hat mit dem Verteidigungsminister zusammen die Kontrolle über den Befehl zum Einsatz von Atomwaffen, trägt die Verantwortung für die Innen- und Außenpolitik, kann per Erlass regieren und jeden Gesetzentwurf des Parlaments blockieren. Der Präsident ernennt den Ministerpräsidenten, der als zweiter Mann im Staat die Pflichten des Präsidenten übernimmt, wenn dieser stirbt oder nicht in der Lage ist, sein Amt auszuüben. Lehnt die Duma den vorgeschlagenen Ministerpräsidenten ab, kann der Präsident auf eigene Entscheidung das Parlament auflösen und Neuwahlen anordnen. Präsidentschaftswahlen finden alle vier Jahre statt. Die Amtszeit beträgt maximal zwei Legislaturperioden.

Die Legislative liegt beim russischen Parlament, das aus zwei Kammern besteht, der Duma und dem Föderationsrat. Die 450 Duma-Abgeordneten werden in öffentlichen Wahlen alle 4 Jahre je zur Hälfte über Listen bzw. direkt gewählt. Die Duma kann u.a. der Regierung das Misstrauen aussprechen. Der erste Beschluss kann jedoch vom Präsidenten abgelehnt werden. Wird das Misstrauensvotum binnen 3 Monaten wiederholt, kann der Präsident die Regierung entlassen oder das Parlament auflösen. In den Föderationsrat werden je zwei Vertreter der 89 Republiken und Regionen, die zusammen die Russische Föderation bilden, entsandt.

Das höchste Gericht Russlands ist das Verfassungsgericht. Seine 13 Mitglieder werden für 12 Jahre gewählt. Es wacht und entscheidet über die Verfassungsmäßigkeit der Handlungen von Regierung und Parlament.

Russland besteht aus 21 Republiken, einem autonomen Gebiet (jüdisch autonomes Gebiet am Amur im Fernen Osten), zehn autonomen Kreisen (Okrug), 49 Gebieten und sechs Provinzen (Krai). Moskau und Sankt Petersburg sind getrennte Verwaltungsbezirke. Die Republiken, autonomen Gebiete und autonomen Kreise sind die direkten Nachfolger der früheren sowjetischen Verwaltungseinheiten und basieren auf einer ethnischen Einteilung. Dennoch bilden nichtrussische ethnische Volksgruppen in den wenigsten Republiken eine klare Mehrheit. Die Verfassung von 1993 garantiert den Republiken besondere Recht, z. B. das Recht zur Annahme einer eigenen Verfassung, Staatshymne und –flagge.

19.2 Politische Lage

Die politische Entwicklung Russlands war in den Jahren 1997 und 1998 durch eine wachsende Wirtschafts- und Finanzkrise gekennzeichnet, die wiederholt zu personellen Umbesetzungen in der Regierung führte und mit der Rubelabwertung und faktischen Zahlungsunfähigkeit im August 1998 einen vorläufigen Höhepunkt erreichte.

Im Vorfeld der Duma-Wahlen im Dezember 1999 stieg Ministerpräsident Vladimir Putins Popularität durch seine harte Haltung im Tschetschenien-Krieg, der brennende wirtschaftliche Probleme in den Hintergrund treten ließ. Der erst wenige Wochen vor den Parlamentswahlen auf Betreiben des Kremls gegründeten Partei Jedinstwo (Einheit) gelang es mit einer aggressiven Werbekampagne die Vorherrschaft der Kommunisten unter Gennadi Sjuganow zu brechen. Drittstärkste Kraft im Parlament ist das Mitte-Links-Bündnis Vaterland – Ganz Russland des Moskauer Bürgermeisters Luschkow und des ehemaligen Regierungschefs Jewgeni Primakow. Daneben sind 3 weitere Parteien in der neuen Duma vertreten: Union Rechter Kräfte (SPS) unter Sergej Kirijenko, die liberale Jabloko-Partei unter Grigori Jawlinski und der rechtsextreme Block von Vladimir Schirinowski.

Der Wahlsieg ebnete Putin den Weg zum Präsidentenamt, nachdem Boris Jelzin am 31.12.1999 den Rücktritt erklärte. Putins Politik zielt gegenwärtig auf höhere innenpolitische Stabilität durch eine stärkere Überwachung der Regionen. Diese Kontrolle sollen von ihm ernannte Gouverneure in sieben, die Regionen übergreifenden Verwaltungsbezirken ausüben.

Die wichtigsten Posten in Putins Kabinett (Stand Mai 2000):

Premierminister	Mikhail Kasyanow
Stellvertretender Premierminister/ Finanzminister	Alexei Kudrin
Verteidigungsminister	Igor Sergejew
Minister für Katastrophenschutz	Sergej Shoigu
Außenminister	Igor Iwanow
Innenminister	Vladimir Rushailo
Justizminister	Jurij Chaika
Arbeitsminister	Alexander Pochinok
Steuerminiser	Gennadi Bukajew

Die anhaltende Kaukasus-Krise wird sowohl innen- als auch außenpolitisch weiterhin eine große Rolle spielen. Obwohl es bekannt ist, dass die Statistiken über gefallene und verletzte russische Soldaten geschönt werden, steht die russische Bevölkerung zu großen Teilen hinter dem Tschetschenien-Krieg. Die Bombenattentate von 1999 auf Wohnhäuser und 2000 in einer belebten Strassenunterführung versetzten die Moskowiter in Angst und Schrecken. Durch höhere Polizeipräsenz und verstärkte Personenkontrollen sollen weitere Anschläge vermieden werden. Solange der Kriegszustand andauert, wird mit Terrorakten zu rechnen sein – unabhängig von der Frage des wahren Urhebers. Die Attentate von 1999 wurden bisher nicht aufgeklärt.

20 Wirtschaftliche Lage

Die russische Wirtschaft der Reformjahre ist gekennzeichnet durch eine starke Orientierung an der Rohstoffausfuhr, eine hohe Importrate als Folge der Öffnung des Marktes, ein starkes Einkommens- und Konsumgefälle innerhalb der Bevölkerung und eine geringe Investitionsrate. Der Wegfall staatlicher Kontrolle, eine fehlgeschlagene Finanzpolitik und der geringe Nutzungsgrad des vorhandenen Wirtschaftspotentials (z. B. Reichtum an Rohstoffen, gut ausgebildete Arbeitskräfte, niedrige Lohnkosten) führte neben den Auswirkungen der Asienkrise und ungünstigen Außenhandelsbedingungen zu einer akuten Wirtschaftskrise im Sommer 1998.

Besonders die Mittelschicht, die sich langsam in den Städten und Industriezentren gebildet hatte, bekam die Folgen der Krise fatal zu spüren. Das Bankensystem brach weitgehend zusammen, Unzählige verloren ihre Ersparnisse. Es kam zu Massenentlassungen und drastischen Lohnkürzungen. Ausländische Investoren zogen sich zurück und schickten einen Großteil ihres Expatriat-Personals nach Hause. Die Nachfrage nach Dienstleistungen ist stark gesunken. Importwaren wurden für Empfänger von Rubeleinkommen unerschwinglich. So ist der einzig positive Effekt der Krise, dass die Nachfrage nach russischen Produkten insbesondere im Lebensmittelsektor, dem Kfz-Bau und der Textilwirtschaft gestiegen ist.

Seit 1999 hat die Wirtschaft sich wieder leicht erholt. Die Inflation konnte eingedämmt werden. Im Vergleich zum Vorjahr stieg das Bruttoinlandsprodukt um über 3 %. Die Prognosen für 2000 sind von vorsichtigem Optimismus gekennzeichnet. Erwartet wird ein Wirtschaftswachstum von 3,5 % falls die Inlandsnachfrage gesteigert werden kann, und eine Inflationsrate von 22 % p.a.

Vorsichtige Schätzungen gehen davon aus, dass es noch ca. 20 Jahre dauernd wird bis in Russland ein westeuropäischen Ländern vergleichbarer Lebensstandard erreicht werden kann. Bis dahin wird Russland ein Land großer sozialer Gegensätze bleiben. Das von der Regierung festgelegte Existenzminimum im ersten Quartal 2000 liegt für Moskau bei knapp 100 USD und für die Provinzen bei 40 USD. Über 3 Millionen Russen beziehen Monatslöhne, die unter 10 USD liegen. Gleichzeitig hat Russland weltweit den größten Bargeldumlauf in Dollar außerhalb den USA. Nach den politischen Turbulenzen der Vorjahre wird es von der Stabilitätspolitik der Regierung Putin abhängen, inwieweit ein Vertrauen in die russische Wirtschaft wiederhergestellt werden kann. Der Großteil der russischen Bevölkerung wird weiterhin auf die eigene Erfindungsgabe im Kampf um den täglichen Broterwerb bauen und auf die Hoffnung, dass am Ende alles gut wird. Diese stirbt bekanntlich zuletzt, oder wie es in Russland heißt: надежда умирает последней.

21 Lesenswertes über Russland

Mit Literatur über Russland lassen sich ganze Bibliotheken füllen. Vielleicht hilft die Auswahl in diesem Kapitel den Leseratten unter Ihnen weiter, das Umzugsgepäck um ein paar interessante Bücher zu ergänzen. Die langen Moskauer Winterabende bieten ausreichend Gelegenheit zum Schmökern. Ein Hinweis darf nicht fehlen: es handelt sich um persönliche Empfehlungen der Autorin.

21.1 Erfahrungsberichte und Zeitgeschichte

Insbesondere die spannende Zeit des Umbruchs in Russland Ende der 80er/Anfang der 90er Jahre hat zahlreiche Journalisten und Auslandskorrespondenten inspiriert, persönliche Erlebnisse und Zeitgeschichte in Buchform festzuhalten. Wenn sie auch stellenweise an Aktualität verloren haben, bleiben folgende Bücher absolut lesenswert:

Bednarz, Klaus,
Russland - Ein Volk sucht seine Zukunft
Hoffmann & Campe Hamburg, 1992
ISBN 3-455-08442-7

Bednarz, Klaus
Ballade vom Baikalsee
Europa Verlag München/Wien, 1998
Buch Nr. 048 43 9

Fischer-Ruge, Lois
Freiheit auf russisch. Der harte Alltag im neuen Russland
DTV München, 1997
ISBN 3-423-36027-5

Krone-Schmalz, Gabriele
An Russland muß man einfach glauben
Econ TB Verlag München, 1991
ISBN-3-340-15702-1

Krone-Schmalz, Gabriele
Russland wird nicht untergehen ...
Fischer Taschenbuch Verlag GmbH Frankfurt am Main, 1994
ISBN 2-596-12614-2

Krone-Schmalz, Gabriele
Von der russischen Seele
Econ TB Verlag München, 1996
ISBN 3-612-27263-2

Ruge, Gerd
Weites Land. Russische Erfahrungen – russische Perspektiven
Droemer München, 1998
ISBN 3-426-660750-6

Sager, Dirk
Betrogenes Russland
Jelzins gescheiterte Demokratie
Goldmann Verlag München, 1998
ISBN 3-442-12764-5

Weniger bekannt, aber nicht minder empfehlenswert sind außerdem:

Mikisch, Sonia
Planet Moskau. Geschichten aus dem neuen Russland
DTV München, 2000
ISBN 3-423-36179-4
(lebendiger und ironischer Erfahrungsbericht einer ARD-Korrespondentin in der Perestroika-Zeit)

Schwegmann, Peter
Moskau, Macht und Mafia
Matrioshka, 1999
ISBN 3-003-05347-6
(Erlebnisse eines Siemens Managers in Moskau von 1987 – 1993)

Sterzer, Landolf
Am Sarg der Sojus. Die Hoffnung stirbt als Letztes aus
Buchhaus Suhl, 1993
ISBN 3-929-73000-6
(der Niedergang der UdSSR geschildert aus der Sicht der „kleinen Leute")

Siebert, Claudia
Moskau ist anders. Über Stöpsel, Brotkanten und das Leben an sich.
Claassen Verlag, 1994
ISBN 3-546-00088-9
(Humorvolle Episoden über das Leben als Expatriat in Moskau)

Leider nicht im Buchhandel erhältlich, aber beim Autor für 20,00 DM direkt in Moskau zu erstehen, ist die lebendige und humorvolle Schilderung des Alltags in Russland aus der Sicht eines Ausländers:

Höltschl, Sepp
100 Gramm – Und alles ist wieder gut!
(Nachfrage über die Autorin)

Von Aufstieg und Fall, Sorgen und Nöten der russischen Intelligenzia erzählt die russische Journalistin Masha Gessen in einer Weise, die dem Leser nahegeht:

Gessen, Masha
Auf den Erfolg unserer hoffnungslosen Mission
Die russische Intelligenzia
A. Kunstmann Verlag, 1998
ISBN 3-888-97197-7

Einer der bekanntesten zeitgenössischen russischen Dichter, Jewgeni Jewtuschenko, hat einen Schlüsselroman über den Umbruch seines Heimatlandes verfasst, der vor dem Hintergrund des Militärputsches von 1991 auf ironische, aber liebevolle Weise die Lebensgeschichten ganz unterschiedlicher Gestalten erzählt. Für Liebhaber der russischen Seele:

Jewtuschenko, Jewgeni
Stirb nicht vor deiner Zeit
DTV München, 1996
ISBN 3-423-12282-x

Schonunglos ist die Bestandsaufnahme der Lage im heutigen Russland von Literatur-Nobelpreisträger Alexander Solschenizyn:

Solschenizyn, Alexander
Russland im Absturz
Böhlau Verlag Wien, 1999
ISBN 3-205-599064-1

Russische Geschichte in unterhaltsamer Form bietet der 820 Seiten starke Roman:

Rutherfurd, Edward
Russka
Knaur Verlag, 1995
ISBN 3-426-63072-9

21.2 Interkulturelle Fragen

Wer sich für die Auseinandersetzung mit interkulturellen Problemstellungen interessiert, für den ist das folgende Buch ein Muss:

Baumgart, Annette + Jänecke, Bianca
Russlandknigge
R. Oldenbourg Verlag, 1997
ISBN 3-486-24166-4

Wissenschaftlich, aber gleichzeitig verständlich und praxisnah geschrieben hilft dieses Lehrbuch, russische Denk- und Verhaltensweisen besser zu verstehen.

21.3 Reiseführer

Die Auswahl an Reiseführern für Russland ist groß, viele Bücher sind leider veraltet. In puncto Informationsgehalt und Übersichtlichkeit überzeugen die Ausgaben „Moskau“ und „St. Petersburg“ von **Baedeker.** Mehr als einen nüchternen Reiseführer für Touristen und Geschäftsleute bieten:

Kulturschock Russland. Reise Know-how
Rump Bielefeld, 1999
ISBN 3-894-16452-2
Von Barbara Löwe

Moskau. Russlands Haupt und Mitte
Kohlhammer Stuttgart, 197
ISBN-3-1270-10580-9
Von Christa Marx und Adolf Karger

Kunst- und Architekturliebhabern sei empfohlen:

Russland. Kunst-Reiseführer
DuMont Köln, 1998
ISBN 3-770-14300-0
Von Christine Humel

22 Anhang

22.1 Kyrillisches Alphabet

Buchstaben	Aussprache wie
А а	A in kann, Mann
Б б	B in backen, Buch
В в	W in Wasser, Woche
Г г	G in Garten, Gold
Д д	D in Dank, Dorf
Е е	Je in jetzt oder Jo in Joch
Ж ж	J in Journal
З з	S in Rose, Saal
И и	I in Minute
Й й	I in Mai, Kaiser
К к	K in Kreide Krieg
Л л	L in Leben
М м	M in Mann, Mutter
Н н	N in nun, Norden
О о	O in Sonne, Post
П п	P in Paul, Lampe
Р р	R in Rat, rein
С с	S in das, Post
Т т	T in Titel, trinken
У у	U in und, Mutter
Ф ф	F in Fahrt, Farm
Х х	Ch in Dach
Ц ц	Z in zu, zehn
Ч ч	Tsch in deutsch, Kutscher
Ш ш	Sch in Schule, schon
Щ щ	Schtsch
Ъ Ъ	Härtezeichen
Ы ы	I in Schwimmer
Ь ь	Weichheitszeichen
Э э	E in Erbe, Ende
Ю ю	Ju in Jugend
Я я	Ja in Jakob

22.2 Metroplan Moskau

23 Stichwortverzeichnis

A

B

C

D

E

F

G

Z